LA GRANDE ENCYCLOPÉDIE DE L'AVIATION

LA GRANDE ENCYCLOPÉDIE DE L'AVIATION

Steen Hansen

casterman

Conception et production

Titre original : *The Story of Flight*

Édition originale
Rob Shone (direction artistique), James Pickering (direction éditoriale),
Carlotta Cooper (iconographie).

Illustration
Gerry Haylock, Neil Reed, Hemesh Alles, Mark Dolby (Allied Artists),
James Field & Ross Watton (SGA), Gary Slatter & Steve Weston (Specs Art),
Rob Perry & Colin Howard (Advocate), Alex Pang.

Crédits photographiques
Tous les documents proviennent du Royal Air Force Museum, à l'exception de :
The Flight Collection (pages 16, 23, 24, 84h, 114, 116b, 130, 132, 140b, 144h, 147,
149h, 153, 158, 159, 161, 162, 164, 166, 167, 169b,170, 171, 173, 174, 175, 182b),
Dover Books (page 9), Steen Hansen (pages 18b, 42h, 63, 165, 180h),
Novosti (pages 30h, 105h), Rex Features (pages 32, 40b, 55, 81b, 106, 107h, 109, 123h,
128, 135b, 136, 138h, 141, 150b, 163, 176), Castrol (pages 39d, 68, 70h, 74, 79b, 90),
Hulton Archives (pages 50h, 54, 81h, 87, 131), Hulton Getty Picture Collection (page 119),
Corbis Images (pages 129, 133, 144b, 146b, 169h, 178h), BAE Systems 2000
(pages 140h, 143h, 146h, 149b, 150h, 151h, 152, 180b, 181h, 182h).

Édition française

www.casterman.com

Traduction et adaptation
Florence Maruéjol (Les Pionniers, Les Héros, La Seconde Guerre mondiale),
Josette Gontier (La Première Guerre mondiale),
Agnès Vandewiele (Les Avions militaires, L'Aviation civile).

Mise en page
Pierre Clavère

ISBN 2-203-13150-0

Dépôt légal : octobre 2003
D. 2002/0053/376

Déposé au ministère de la Justice, Paris
(loi n°49.956 du 16 juillet 1949 sur les publications destinées à la jeunesse).

Imprimé à Dubai (Émirats Arabes Unis).

SOMMAIRE GÉNÉRAL

1

LES PIONNIERS

Sommaire

Léonard de Vinci
Dès le XVIe siècle, l'artiste et savant Léonard de Vinci dessine des machines volantes comme cet hélicoptère. Mais il s'en tient à la théorie et ne cherche pas à les faire voler.

Le premier vol
Le 1er novembre 1783, à Paris, Pilâtre de Rozier et le marquis d'Arlandes sont les premiers à s'élever au-dessus de la terre dans le ballon à air chaud inventé par les frères Montgolfier. Il est donc possible de voler ! Mais pourquoi pas dans des machines plus lourdes que l'air ?

Introduction

Les pionniers de l'aviation sont persuadés que l'homme peut voler. Ils risquent leur temps, leur fortune et parfois même leur vie pour prouver qu'ils ont raison. Les quelques hommes qui partagent cette passion à travers le monde ignorent les moqueries que suscitent leurs expériences qualifiées de dangereuses et inutiles ! Et passant du rêve à la réalité, ils inventent l'aéroplane.

Premières tentatives
Comme tous les appareils extravagants, cette machine volante à pédales, imaginée en 1885, n'a jamais fonctionné. Inventer l'aéroplane n'allait pas être un jeu d'enfant !

George Cayley

Parmi les premières tentatives de vol, beaucoup se fondent sur le modèle de l'oiseau battant des ailes. Pour George Cayley, les ailes ne peuvent assurer à la fois la poussée et la portance comme chez les oiseaux. Il propose donc de combiner des ailes fixes pour élever l'avion dans l'air et un moteur qui donnera la poussée propulsant l'appareil vers l'avant.

George Cayley
Les idées de George Cayley (1773-1857) lui valent d'être surnommé le « père de l'aviation ».

Cayley est un inventeur de génie dont les idées influenceront les pionniers de l'aviation. Il dessine des monoplans, des biplans et des triplans. Le Britannique est le premier à imaginer un profil aérodynamique pour réduire la résistance de l'air des aéroplanes. Il propose aussi d'utiliser des gouvernails pour contrôler l'appareil. Cayley fabrique deux planeurs triplans grandeur nature. En 1853, son cocher s'élance du sommet d'une colline à bord du second appareil. Il est le premier à voler dans un planeur.

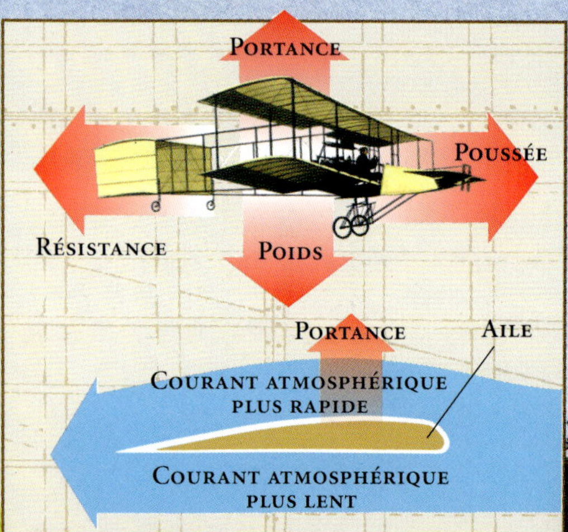

Comment vole un avion
Quatre forces sont à l'œuvre pendant le vol : la portance, le poids, la poussée et la résistance. Lorsque la portance est égale au poids et que la poussée équivaut à la résistance, l'avion vole à une vitesse constante et reste à la même altitude. La portance crée une zone de basse pression qui aspire l'avion et le fait monter vers le ciel.

Dans les airs
En 1853, le cocher de Cayley n'apprécie guère sa glissade de presque 200 mètres. Après l'atterrissage, il s'exclame qu'on le paye pour conduire, pas pour voler !

Voiture à vapeur aérienne
En 1843, Cayley publie les dessins de cette curieuse création impossible à fabriquer, car il n'existe pas encore de moteur suffisamment léger et puissant. Elle présente déjà des éléments caractéristiques des futurs avions : des ailes légères à structure métallique, des hélices et un train d'atterrissage !

Clément Ader

Clément Ader (1841-1925)
L'ingénieur a construit le premier appareil qui s'est soulevé grâce à son moteur.

Une fois fortune faite, l'ingénieur Clément Ader se consacre entièrement à sa passion : créer une machine qui vole. Il construit l'*Éole*, dessiné sur le modèle d'une chauve-souris. L'engin est propulsé par un moteur de 20 chevaux-vapeur de son invention. Le 9 octobre 1890, l'*Éole* se soulève sur une distance de 50 mètres. C'est la première fois qu'une machine plus lourde que l'air s'arrache du sol grâce à sa propre énergie.

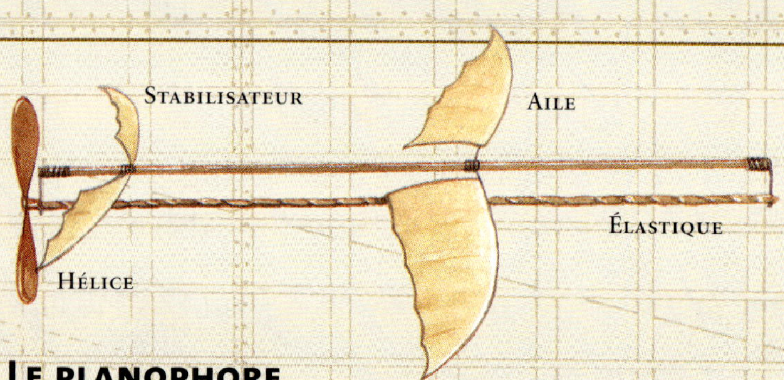

Le planophore
En 1871, l'inventeur français Alphonse Pénaud fait voler un modèle réduit d'aéroplane à moteur à élastique. En dépit d'une envergure de 45 cm seulement, le planophore a beaucoup influencé l'évolution des aéroplanes européens.
S'il commence à virer avec une aile plus haute que l'autre, il se remet à niveau de lui-même grâce à la forme des ailes légèrement incurvées vers le haut. La queue équilibre le nez de l'avion et lui évite de monter et de descendre. Ces idées sont reprises par les pionniers européens qui cherchent à stabiliser automatiquement leurs avions.

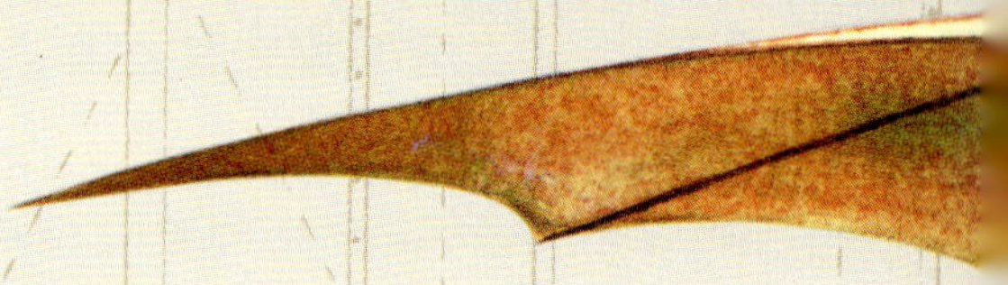

Aussi impressionnant soit-il, l'*Éole* n'est pas un véritable aéroplane. Le moteur à vapeur, bien conçu, n'est pas assez puissant pour maintenir l'appareil en vol. Et même s'il l'était, l'*Éole* se serait vite écrasé, car il n'a ni gouvernail ni queue pour l'équilibrer. Pour contrôler la machine, le pilote ne dispose que des ailes de chauve-souris qui effectuent de petits réglages en gauchissant légèrement. Comme la plupart des pionniers européens, Clément Ader cherche davantage à élever l'appareil qu'à le diriger.

Le monstre de Maxim

Américain installé en Angleterre, Hiram Maxim construit un biplan géant en 1894. Deux moteurs à vapeur de 180 chevaux propulsent le monstre sur des rails.
D'une envergure de 31,70 mètres (égale à celle d'un bombardier quadrimoteur de la Seconde Guerre mondiale) et d'un poids de 3 600 kg, l'aéroplane atteint une vitesse de 67 km/h, décolle et s'écrase aussitôt. Comme Ader, Maxim cherche surtout à obtenir une énergie et une portance suffisantes pour soulever l'avion et néglige le contrôle de l'appareil une fois en l'air.

Le premier bond

Dans le parc d'un château proche de Paris, un moteur à vapeur fait exécuter à l'*Éole* un bond de 20 cm sur une distance de 50 mètres. Assis derrière la chaudière, Ader ne peut voir où il va.

Otto Lilienthal

Otto Lilienthal
Pionnier du vol à voile, l'Allemand Otto Lilienthal (1848-1896) va inspirer les frères Wright. La photographie naissante rend ses expériences célèbres à travers le monde : il est le premier homme photographié en vol.

Otto Lilienthal est le premier véritable aviateur. Dès son plus jeune âge, il rêve de voler. À partir de 1889, il construit des planeurs avec lesquels il effectue plus de deux mille glissades aériennes.

Les expériences d'inventeurs comme Ader et Maxim montrent que la mise au point des avions à moteur n'est plus qu'une question de temps. Pour Lilienthal, le doute n'est pas permis : ces appareils seront des ornithoptères battant des ailes.

Octave Chanute
Américain d'origine française, Octave Chanute (1832-1910) publie toutes les informations disponibles sur les expériences de vol de Lilienthal et des autres pionniers. Il favorise ainsi les progrès de l'aviation. Il construit aussi des planeurs. Ami des frères Wright, Chanute les encourage à essayer des biplans plutôt que des monoplans.

Le contrôle du vol
Lilienthal vole avec des deltaplanes. Il se tient par les bras et dirige l'engin en balançant ses jambes devant, derrière et sur les côtés.

Cependant, avant de s'engager plus avant dans cette impasse, Lilienthal se tourne vers les planeurs. Il est convaincu que le progrès en matière aéronautique passe par la maîtrise du vol et l'étude des ailes. « Il n'existe qu'un moyen de progresser rapidement, c'est de mettre en pratique le fruit de nos recherches. » Aussi Lilienthal essaye-t-il les planeurs qu'il fabrique en s'élançant du sommet d'une colline ou du toit d'un bâtiment. Un dimanche d'août 1896, il s'écrase et se tue dans les environs de Berlin.

Les planeurs biplans
La technologie du planeur de Lilienthal est simple. La plupart des planeurs sont des monoplans. Lilienthal tire les leçons des échecs de ses deux premiers engins qui ne volent pas. Il obtient plus de succès avec les monoplans suivants. En 1895-1896, il réalise trois biplans, plus stables dans l'air, avec une envergure plus courte facilitant les virages. Lilienthal lance ses biplans par vent fort. Parfois, il reste suspendu dans l'air, presque immobile, près de la colline d'où il est parti et converse avec les photographes.

Samuel Pierpont Langley

Astronome américain, Langley (1834-1906) lance six modèles réduits comme celui-ci jusqu'à 900 mètres de distance. En 1903, il tente de voler avec deux aéroplanes qui se brisent lors de leur catapultage à partir d'une péniche. Les journaux ridiculisent Langley et décrètent qu'il est impossible de voler. Ce que les frères Wright s'empressent de démentir !

Premier vol

C'est le tirage au sort qui désigne Orville Wright comme pilote de l'avion à moteur qui réalise le premier vol. Wilbur, son aîné de quatre ans, accomplira le plus long vol du jour.

LES FRÈRES WRIGHT

Comme Lilienthal, les frères Orville et Wilbur Wright, fabricants de bicyclettes, ont compris qu'on apprend à voler... en volant. En expérimentant les planeurs, ils décident de mettre au point un système de contrôle de l'engin qui ne dépende plus du balancement du corps.

DEUX POUR LA GLOIRE
Orville (1871-1948) et Wilbur (1867-1912) Wright réussissent là où les autres ont échoué parce qu'ils ont étudié les contrôles du vol. Les principes de base qu'ils ont définis restent en vigueur.

Après avoir réalisé des centaines de glissades en planeur de 1900 à 1902, ils équipent l'appareil d'un gouvernail de direction et d'un gouvernail de profondeur. Ils gauchissent aussi les ailes (les pionniers relèveront ensuite les ailes avec des ailerons). Le 17 décembre 1903, sur la plage de Kitty Hawk en Caroline du Nord, ils réalisent le premier vol d'un avion à moteur. Le vent qui souffle en rafales déstabilise l'appareil et les oblige à voler très bas. Lors d'un des vols, le *Flyer* touche le sol, s'élève à nouveau et continue sa course. Le plus long vol dure 59 secondes et marque une date essentielle dans l'histoire des hommes.

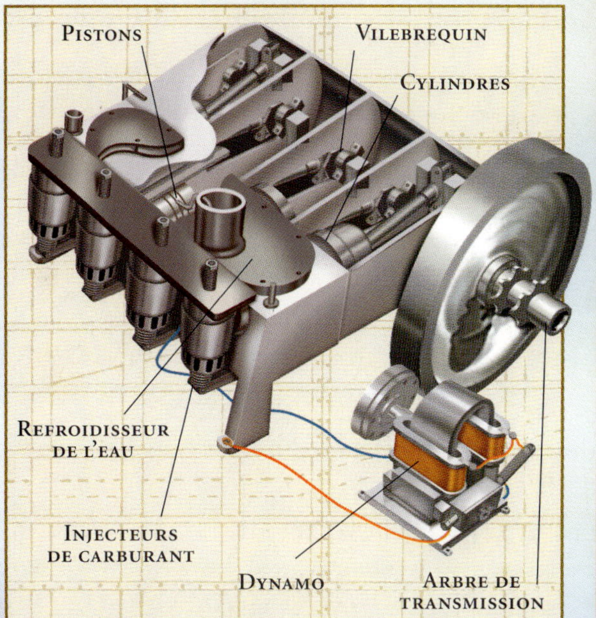

LA SOURCE D'ÉNERGIE
Ingénieurs de grand talent, les Wright sont contraints de fabriquer le moteur du *Flyer*, car il est impossible d'utiliser un moteur de voiture, trop lourd par rapport à sa puissance.

SANTOS-DUMONT

AUTOUR DE LA TOUR
En 1901, la tour Eiffel assiste, impassible, au vol de l'aviateur Santos-Dumont (1873-1932) en dirigeable.

Le 12 septembre 1906, le Danois Ellehammer vole avec l'aide d'une corde. Le lendemain, à Paris, le Brésilien Alberto Santos-Dumont réussit un bond de 220 mètres. Ces vols de quelques secondes représentent un grand progrès. Mais ils sont loin d'égaler les performances des frères Wright aux États-Unis.

Santos-Dumont 14-bis
LONGUEUR : 9,70 M
ENVERGURE : 11,20 M
VITESSE : 40 KM/H

JACOB ELLEHAMMER
Comme les autres pionniers, l'inventeur danois (1871-1946) est la cible des quolibets. À Copenhague, on plaisante en remarquant que les prix montent, tout monte, sauf Ellehammer. Il ne réussit pas à inventer un véritable avion, mais en 1908, en Allemagne, il gagne un prix à un meeting aérien pour 11 secondes de vol : il est d'ailleurs le seul à avoir pu décoller !

Voisin-Farman 1-bis
Longueur : 10,50 m
Envergure : 10 m
Vitesse : 55 km/h

Les pionniers européens imaginent toujours des appareils qui se stabilisent automatiquement. À bord des aéroplanes, ils se considèrent davantage comme des passagers que comme des pilotes manœuvrant dans les airs.

En 1907, un aéroplane des frères Voisin vole plus d'une minute. En 1908, le *Voisin-Farman 1-bis* accomplit un vol d'un kilomètre en circuit fermé qui dure 1 minute 28 secondes. C'est le record européen.

La machine de Hargrave

En 1893, en Australie, Lawrence Hargrave invente le cerf-volant cellulaire, structure légère et résistante utilisée par certains des premiers biplans. Lilienthal l'expérimente aussi avec des monoplans. Mais il est plus simple de fabriquer des ailes avec une structure en caissons comme celle du cerf-volant cellulaire. Hargrave conçoit des modèles réduits, des planeurs et des aéroplanes à moteur. Hélas ! Ses inventions s'avèrent infructueuses.

LES FLYER DES WRIGHT

BAPTÊMES DE L'AIR
Lors de ses vols, Wright embarque 60 passagers – un seul à la fois.

D'octobre 1905 à mai 1908, les Wright ne volent pas mais tentent sans succès de vendre leurs aéroplanes aux gouvernements américain et britannique.

Les vols de Santos-Dumont et ceux des appareils Voisin et Blériot arrachent enfin les Wright à leur parfaite indifférence devant les efforts d'autres pionniers. En 1908, Wilbur fait une démonstration en France devant la fine fleur des pilotes européens. Alors qu'il tourne et vire au-dessus du Mans, ceux-ci s'exclament, un peu dépités : « Nous sommes des enfants comparés aux Wright ! » Pendant son séjour en Europe, Wilbur effectue plus d'une centaine de vols dont l'un dure 2 heures 20 minutes. Cependant, les Européens comprennent vite comment marche le système de contrôle de son avion. Ils savent aussi qu'on peut améliorer le Flyer des Wright, notamment en remplaçant les patins par des roues et en corrigeant son instabilité tout en gardant sa maniabilité. Appuyée par d'audacieux industriels, l'aviation progresse désormais plus vite en Europe qu'aux États-Unis.

VILLE À VILLE
En octobre 1908, Henri Farman vole de Bouy à Reims. Il couvre les 27 kilomètres en 20 minutes et à 50 mètres d'altitude.
Sur le trajet, il évite les ailes de moulin et les clochers d'église. C'est la première fois que deux villes sont reliées par la voie des airs.

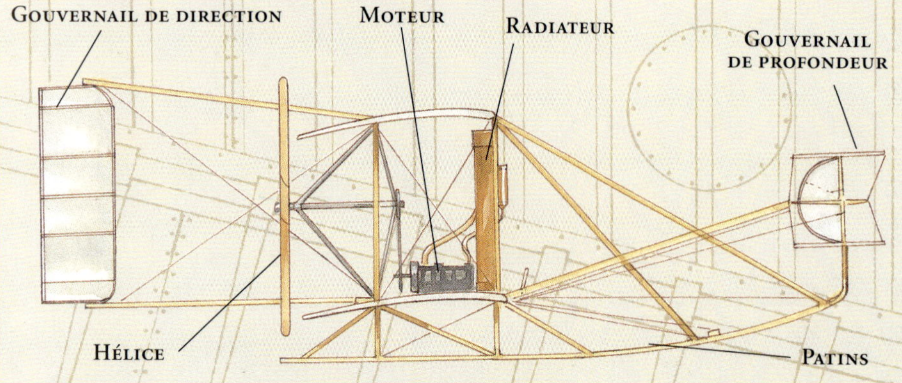

UN APPAREIL ÉVOLUTIF
Le *Flyer III*, qui remplace le *Flyer II* lancé en 1904, est le premier avion véritable du monde.
Pour perfectionner le système de contrôle, les Wright volent beaucoup avec le *Flyer III* en 1905. Le 5 octobre, l'appareil couvre 38 kilomètres en 38 minutes.

Voler pour l'armée

En 1908, Orville Wright fait la démonstration d'un Flyer devant l'armée américaine. Il effectue dix vols. L'avion s'écrase lors du dernier vol, tuant le passager, un lieutenant, et blessant Orville. C'est le premier accident grave d'un avion à moteur.

Deux pionniers
Louis Blériot (1872-1936, à droite) et Henri Farman (1874-1958) sont deux grands héros de l'aviation européenne.

Louis Blériot

Après s'être écrasé avec deux de ses appareils, le Français Louis Blériot, qui a investi toute sa fortune dans la construction aéronautique, n'a plus droit à l'échec. En 1909, il est prêt à survoler la Manche avec le *Blériot XI*.

Cette année-là, le journal anglais *Daily Mail* offre un prix de 1 000 livres pour la première traversée de la Manche en avion. Le 19 juillet, le pilote français Hubert Latham tente l'aventure. Mais une défaillance de moteur l'oblige à amerrir avant la côte anglaise. Le 25 juillet, Blériot décolle à 4 h 35 du matin.

Constructeur d'avions
Grâce à son exploit, Blériot devient le plus grand constructeur aéronautique entre 1909 et 1914. L'armée et des clients civils lui achètent quelque 900 *Blériot XI*, déclinés en différentes versions. Les acquéreurs apprennent à voler gratuitement dans son école de pilotage. Mais ils remboursent les dommages causés à l'appareil !

L'*Antoinette IV*

Hubert Latham survole la Manche avec l'*Antoinette IV*, un avion élégant et plus rapide que le *Blériot XI*. Mais, à mi-parcours, le moteur défaille à deux reprises, le 19 et le 27 juillet 1909. Après les amerrissages, le pilote attend tranquillement qu'un bateau le recueille.

37 minutes plus tard, il atterrit à Douvres de l'autre côté de la Manche. Il a volé à une altitude de 100 à 150 mètres et à une vitesse moyenne de 55 kilomètres à l'heure. Blériot réalise la première liaison aérienne entre deux pays et fait dire à un journal anglais que la Grande-Bretagne n'est plus une île.

Harriet Quimby

En 1912, la journaliste américaine est la première femme à traverser la Manche en avion – un Blériot. Mais sa prouesse passe inaperçue. Le *Titanic* qui a sombré la nuit précédente lui vole la vedette. Hariett se tue quelques mois plus tard. Avec son passager, elle est éjectée de l'avion qui descend en piqué. Ils n'étaient pas attachés à leur siège.

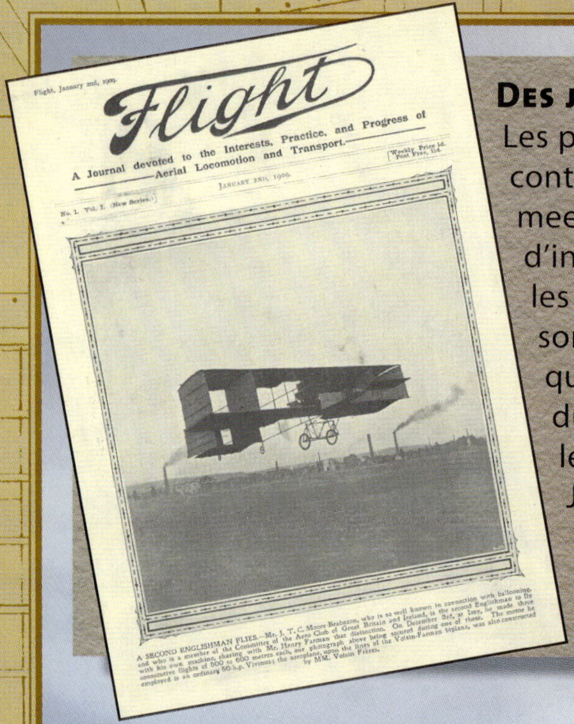

Flight

A Journal devoted to the Interests, Practice, and Progress of Aerial Locomotion and Transport.

Des journaux spécialisés

Les passionnés d'avions ne se contentent pas d'assister aux meetings aériens. Ils sont avides d'informations sur l'aviation et les derniers modèles. En 1909 sort le journal anglais *Flight*, qui existe toujours. La couverture du premier numéro immortalise le premier vol d'un Britannique, J.T.C. Moore-Brabazon, sur une machine plus lourde que l'air, en 1908, à Issy, dans la banlieue parisienne.

Course d'avions

À Reims, la course, palpitante, consiste à tourner autour de pylônes. Si les pilotes prennent le virage trop serré, ils risquent de toucher le sol du bout de l'aile. S'ils le prennent trop large, ils s'exposent à perdre l'épreuve.

Henri Farman III
Longueur : 12 m
Envergure : 10 m
Vitesse : 60 km/h

Golden Flier
Longueur : 8,70 m
Envergure : 10 m
Vitesse : 75 km/h

LES PREMIERS MEETINGS

Les pionniers de l'aviation sont considérés comme de véritables héros. La traversée de la Manche vaut à Blériot une célébrité mondiale. En 1909, à Reims, 500 000 spectateurs se pressent au premier meeting international qui réunit l'élite des pilotes.

À Reims, Hubert Latham bat le record d'altitude en volant à 155 mètres. Henri Farman établit un autre record. Il parcourt 180 kilomètres en 3 heures 5 minutes. Glenn Curtiss, qui vole sur son Golden Flier à une vitesse moyenne de 74 kilomètres à l'heure, remporte le trophée Gordon Bennett qui récompense le record de vitesse. Il devance Blériot de 5,8 secondes. En 1907, Curtiss avait porté le record de vitesse des motos à 219 kilomètres à l'heure. Deux ans plus tard, les avions sont encore loin d'être les machines les plus rapides !

GLENN CURTISS (1878-1930)
Il est l'un des plus grands pionniers américains de l'aviation. Il construit les premiers vrais hydravions. Les avions et moteurs de sa compagnie ont volé au cours des deux guerres mondiales.

Blériot XII
LONGUEUR : 8,50 M
ENVERGURE : 9,50 M
VITESSE : 77 KM/H

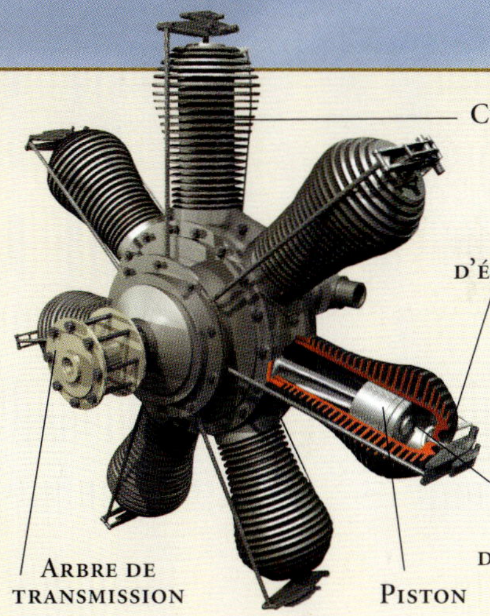

LE MOTEUR ROTATIF
Au meeting de Reims, en 1909, apparaît pour la première fois le moteur rotatif dont le vilebrequin est fixé à l'avion. Le reste du moteur tourne avec l'hélice. Très puissant pour son poids, c'est un moteur plus fiable que les premiers moteurs d'aéroplane. Il équipera couramment les avions jusqu'à la fin de la Première Guerre mondiale.

C. P. RODGERS

En 1911, Calbraith Perry Rodgers apprend à voler à l'école de pilotage des frères Wright. Après 90 minutes d'apprentissage, il s'installe seul aux commandes de l'appareil. Le 17 septembre, alors qu'il cumule seulement 60 heures de vol, il se lance dans la traversée des États-Unis.

Rodgers est suivi par un train qui transporte sa mère, son épouse, des mécaniciens, des pièces détachées et du carburant ! Le train et son avion, un biplan Wright-EX, s'appellent *Vin Fiz*, nom de la société qui produit cette boisson non alcoolisée et finance Rodgers. L'argent est le bienvenu, car l'avion tombe au moins seize fois pendant le trajet. Le deuxième jour, il s'abat dans un poulailler.
L'avion absorbe tant de pièces détachées que seuls un gouvernail de direction et le longeron d'une aile sont encore d'origine à l'arrivée. Rodgers lui-même est souvent blessé. Partout où il atterrit, il est accueilli en héros. Il lui faut 49 jours pour relier New York à Los Angeles. Il a volé 82 heures et atterri 69 fois.

C. P. RODGERS
Champion de football, il participe à des courses de voiliers et d'automobiles avant de s'intéresser aux avions. En 1912, un vol de mouettes provoque sa mort : l'un des oiseaux coince le gouvernail de direction de l'avion qui s'écrase.

DES AILES EN VILLE
En 1910, après un meeting aérien, l'Anglais Claude Grahame-White se pose près de la Maison-Blanche à Washington. Il est le premier à atterrir dans une grande ville. Le Président n'est pas là pour le saluer, mais son exploit fait quand même les grands titres des journaux !

Un beau parcours

Rodgers vole sans instruments. Il n'a ni boussole ni carte. Il suit les rails de chemin de fer à travers le continent, comme beaucoup de pilotes jusque dans les années 1920. Les rails ne franchissent pas de hautes montagnes ce qui convient très bien à l'avion peu puissant de Rodgers qui les contourne au lieu de les survoler.

De haute lutte

Sportif accompli, Rodgers parvient à maîtriser d'éprouvantes conditions de vol. Blessé à plusieurs reprises, il traverse l'Arizona avec une jambe dans le plâtre.

Avions-espions

En février 1911, au Mexique, l'avion participe pour la première fois à une guerre. Le gouvernement mexicain engage des aviateurs étrangers pour espionner les révolutionnaires. Au début, les rebelles ne tirent pas sur les pilotes qui leur lancent cigarettes et oranges.

Cerfs-volants

Les ballons d'observation existent depuis 1794. En 1849, les Autrichiens tentent sans succès de bombarder Venise à partir de ballons. En 1905, S. F. Cody est nommé chef-instructeur dans l'armée britannique pour préparer des observateurs à s'élever dans des cerfs-volants. Mais l'expérience reste sans lendemain.

L'AVIATION MILITAIRE

L'avion est-il utile à l'armée ? Nombreux sont ceux qui répondent par l'affirmative, notamment parmi les pionniers. Avec l'avion, il est facile d'espionner l'ennemi, mission dévolue jusque-là à la cavalerie. De lancer des bombes aussi, du moins quand les appareils pourront emporter de lourdes charges.

Cependant, dans les rangs de l'armée, beaucoup d'officiers doutent des avantages de l'avion. Malgré une forte opposition, l'armée anglaise emploie des appareils d'observation pendant les manœuvres de 1910. Trois jeunes officiers rejoignent les aéroplanes avec leur propre modèle. Leurs résultats font prendre conscience aux officiers plus âgés que les pilotes sont mieux placés que les cavaliers pour observer les mouvements de l'ennemi. Parmi les grandes nations, l'Allemagne est la plus prompte à organiser de véritables escadrilles : 250 appareils sont opérationnels dès 1914.

SAMUEL FRANKLIN CODY
Artiste de cirque texan, il expérimente des cerfs-volants et des dirigeables. En 1908, il est le premier à voler en Grande-Bretagne sur 400 mètres. Il meurt en 1913, victime d'un de ses appareils qui se disloque en vol.

TOMBÉES DU CIEL
En 1911, en Libye, des aviateurs italiens sont les premiers à lancer des bombes à partir d'un aéroplane. En 1899, la Convention internationale de La Haye a interdit les bombardements à partir de ballons, règlement que les Italiens n'appliquent pas aux avions.

Les virtuoses

Petr Nesterov
Le pilote n'accomplit son premier looping que lorsqu'il est sûr de réussir son coup. Père de deux enfants, il ne veut pas risquer sa vie.

Aux débuts de l'aviation, pionniers et constructeurs apprennent à leurs dépens. Quelle doit être la résistance d'un appareil ? Comment réagit-il à des vitesses extrêmes ? Pour mieux connaître les avions, des pilotes les poussent jusqu'au bout de leurs limites.

En 1913, l'aviateur militaire russe Petr Nesterov fait le premier looping. À sa descente d'avion, les autorités l'arrêtent pour avoir pris des risques inconsidérés avec un appareil du gouvernement. On le relâche après avoir réalisé les implications de son exploit. Dans l'avenir, les combats aériens exigeront l'exécution de cette acrobatie et l'on aura grand besoin de pilotes de sa valeur. Le Français Célestin Adolphe Pégoud, qui vole déjà la tête en bas, exécute aussi des loopings. « Boucler la boucle » déchaîne l'enthousiasme des spectateurs qui assistent aux meetings aériens d'avant-guerre.

Photographie aérienne
Le pilote Pierre Verrier embarque un cameraman pour filmer Pégoud qui fait trois loopings d'affilée au-dessus de la foule, près de Londres. Des acrobaties filmées à partir d'un autre avion ! Le grand public se passionne. Le progrès est décidément en marche !

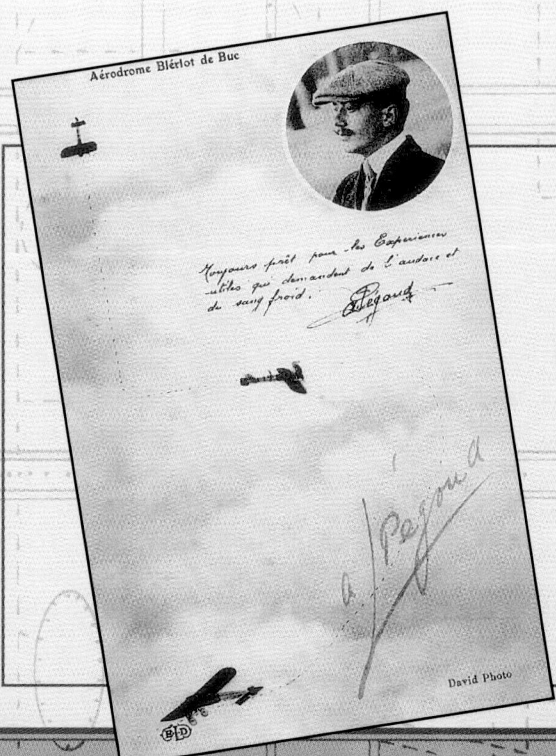

La folie des concours
Entre 1910 et 1914, une véritable fièvre de concours et de défis aériens s'empare de l'Europe. La mode est aux courses de ville à ville, telles les célèbres épreuves Paris-Madrid ou Londres-Manchester. Mais la course aux records fascine aussi les foules : Jules Védrines, sur son Deperdussin, pulvérise en 1912 le record de vitesse (168 km/h), tandis que Roland Garros l'emporte en altitude (3 910 m).

Une folle audace

C'est en sautant volontairement de son Blériot, équipé d'un seul siège, pour faire la démonstration d'un parachute que Pégoud conçoit l'idée du looping. Il décide d'imiter les figures exécutées par l'avion sans pilote qui pique vers le sol. Pilote de guerre, Pégoud est tué au combat en 1915.

« Boucler la boucle »

Le looping, ou boucle, est une figure qui exige une certaine vitesse et des ailes résistantes. Les anciens avions piquaient du nez pour parvenir à la bonne vitesse avant de tourner. Puis le pilote redressait brutalement son appareil.

IGOR SIKORSKY

SIKORSKY
D'abord pionnier de l'aviation russe, Sikorsky (1889-1972) devient ensuite constructeur d'hélicoptères aux États-Unis.

Fils d'un médecin de Kiev, le Russe Sikorsky est l'un des pionniers les plus talentueux. Fasciné par les exploits des aviateurs, il rend visite à Blériot en France. En 1909, sa sœur finance la construction d'un hélicoptère qui ne fonctionne pas. Mais il ne se décourage pas pour autant.

Son prochain avion ne vole pas non plus. Le suivant vole 8 minutes avant de s'écraser. Sikorsky, complètement novice et sans instructeur, se forme seul, en volant. Une fois tirées les leçons de son expérience, il conçoit avions et hydravions.

L'HÉLICOPTÈRE
Après l'échec de son premier hélicoptère, Sikorsky se tourne vers les avions. La révolution russe l'engage à émigrer aux États-Unis où, en 1939, il invente l'hélicoptère à un seul rotor.

Aujourd'hui, les hélicoptères Sikorsky volent dans le monde entier.

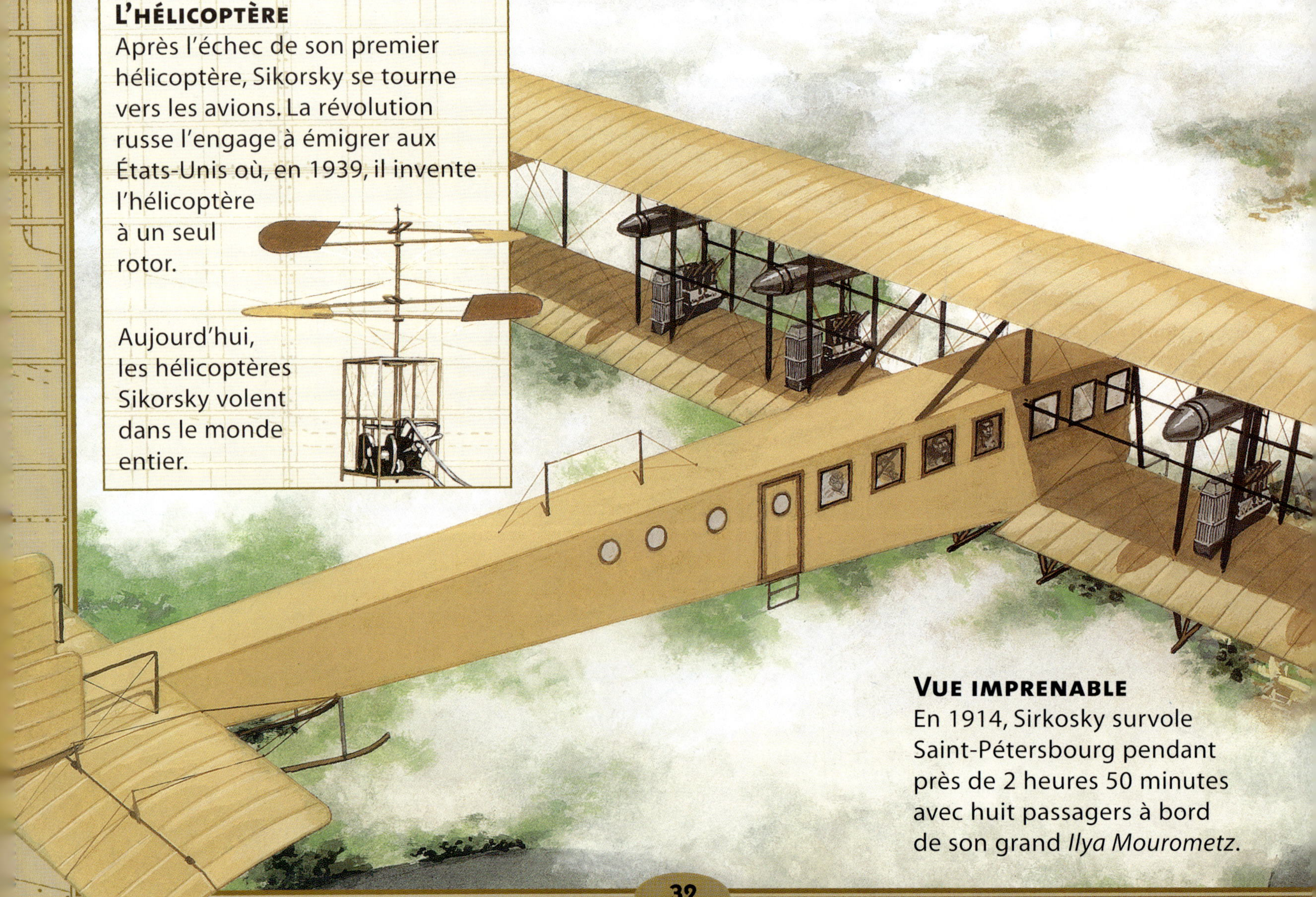

VUE IMPRENABLE
En 1914, Sirkosky survole Saint-Pétersbourg pendant près de 2 heures 50 minutes avec huit passagers à bord de son grand *Ilya Mourometz*.

En 1911, il gagne de l'argent en volant sur ses appareils. Puis Sikorsky met au point des biplans dotés de quatre moteurs qui sont les avions de transport les plus grands et les plus efficaces de l'avant-guerre. Ils sont équipés d'une cabine fermée pour les passagers, d'une chambre à coucher, de toilettes et d'une plate-forme d'observation à l'avant. En marchant entre les ailes, les mécaniciens changent les bougies en plein vol ! Pendant la guerre, les Sikorsky sont reconvertis en bombardiers.

Paul Cornu

Le Français Paul Cornu (1881-1944) est un fabricant de bicyclettes comme les frères Wright. En 1907, il construit le premier hélicoptère. Muni de deux hélices de 6 mètres de diamètre, l'appareil est capable de soulever un homme pendant 20 secondes à une altitude de 1,50 m. Mais l'aventure n'ira pas plus loin.

Le guide des passionnés

La plupart des premiers avions possèdent une structure de bois recouverte de tissu. Légère et quand même résistante, elle est adaptée aux moteurs peu puissants. Les longerons et les câbles offrent une grande résistance à l'air. Mais peu importe, car la vitesse des avions est faible.

Le planeur triplan de Cayley
Longueur : 4,50 m
Envergure : 5,50 m

Le Flyer des Wright
Longueur : 6,50 m
Envergure : 6,50 m
Vitesse : 48 km/h

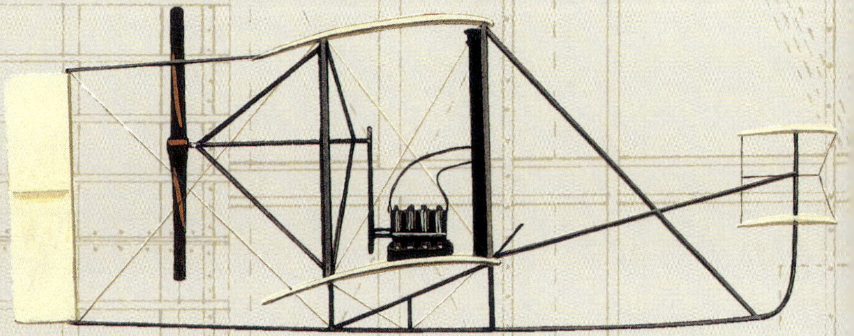

Le planeur de Lilienthal
Longueur : 4,50 m
Envergure : 6 m

Éole
Longueur : 5 m
Envergure : 14 m

Blériot XI
Longueur : 8 m
Envergure : 7,80 m
Vitesse : 75 km/h

Ilya Mourometz
Longueur : 20,50 m
Envergure : 34,50 m
Vitesse : 105 km/h

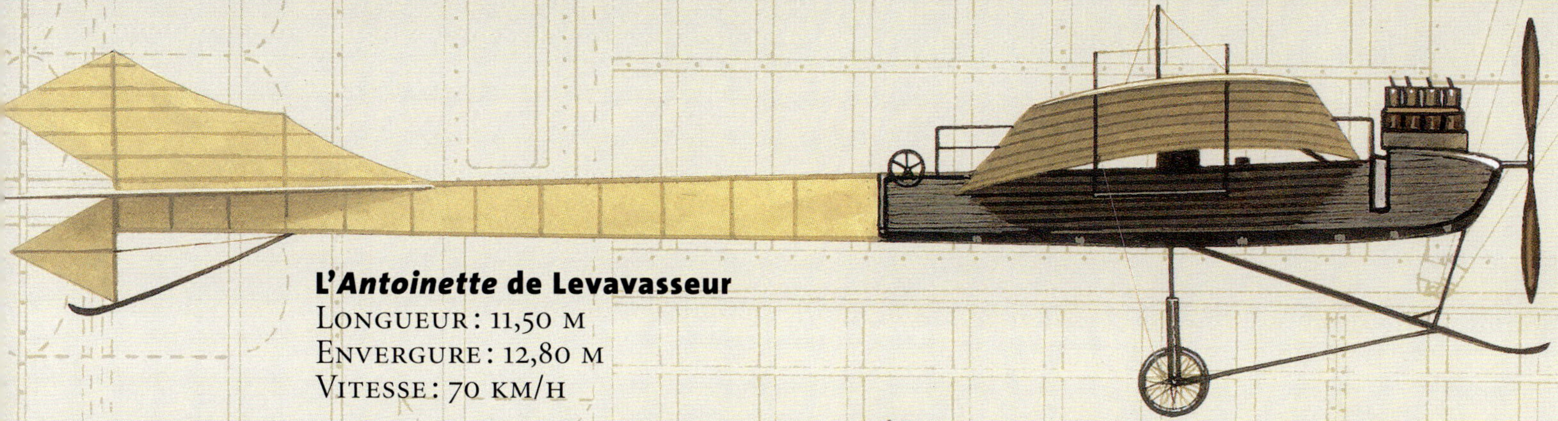

L'*Antoinette* de Levavasseur
Longueur : 11,50 m
Envergure : 12,80 m
Vitesse : 70 km/h

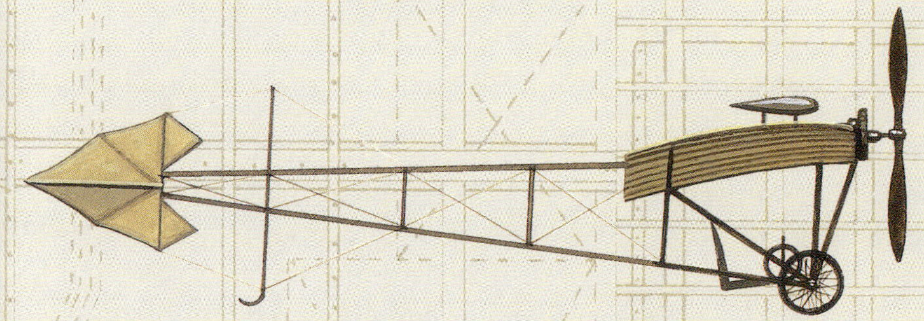

La *Demoiselle* de Santos-Dumont
Longueur : 8 m
Envergure : 5,50 m
Vitesse : 90 km/h

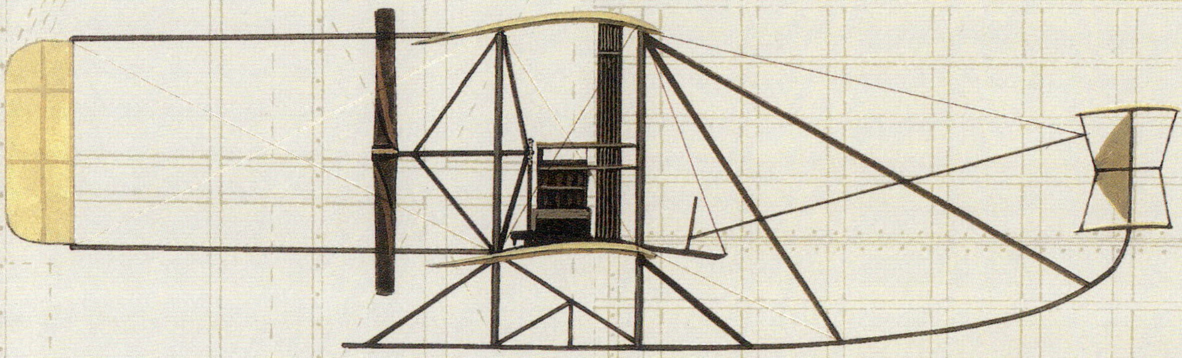

Wright Type A
Longueur : 8,50 m
Envergure : 11 m
Vitesse : 56 km/h

2

LA PREMIÈRE GUERRE MONDIALE

Sommaire

Les dirigeables
En Allemagne, avant la Première Guerre mondiale, les ballons dirigeables sont utilisés pour le transport des passagers. Durant les hostilités, ils transportent des bombes qu'ils larguent sur Paris dès 1914. Les Anglais les utilisent à leur tour au printemps 1915.

Introduction

La Première Guerre mondiale se déroule de 1914 à 1918. Des millions de soldats et une artillerie meurtrière sont engagés dans ce conflit. Invention relativement récente, l'avion bouleverse la stratégie des guerres du passé. Appareils de reconnaissance, avions de chasse et de bombardement deviennent alors des armes à part entière. En dépit du danger, et même lorsqu'il apparaît que les pertes sont très élevées parmi les pilotes, ils sont nombreux à se porter volontaires pour monter à bord de tels engins.

Le Vickers Vimy
Expérimenté en 1917, le bombardier anglais Vickers Vimy ne sera pas utilisé avant la fin de la guerre.

Le premier bombardement
En 1911, un avion italien Blériot lâche des bombes sur les positions turques en Libye. Il s'agit du premier bombardement aérien de l'histoire.

LES DÉBUTS DU CONFLIT

Lorsque la guerre éclate, la vitesse des avions de même que leur temps de vol sont relativement réduits. L'Allemagne possède 250 appareils, la France en a 141, l'Angleterre 83 et la Russie à peine 50.

Ces petits aéroplanes se bornent à effectuer des missions de reconnaissance, tâche réservée jusqu'ici à la cavalerie. En effet, il est plus facile d'observer les positions de l'adversaire du haut du ciel.

DES TERRAINS PRÉCAIRES
Sur le front, les avions se posent en rase campagne. Dans ses souvenirs, un mécanicien britannique évoque une nuit d'orage pendant laquelle cinq ou six personnes doivent s'accrocher aux ailes et à la queue de chaque appareil afin de le maintenir au sol.

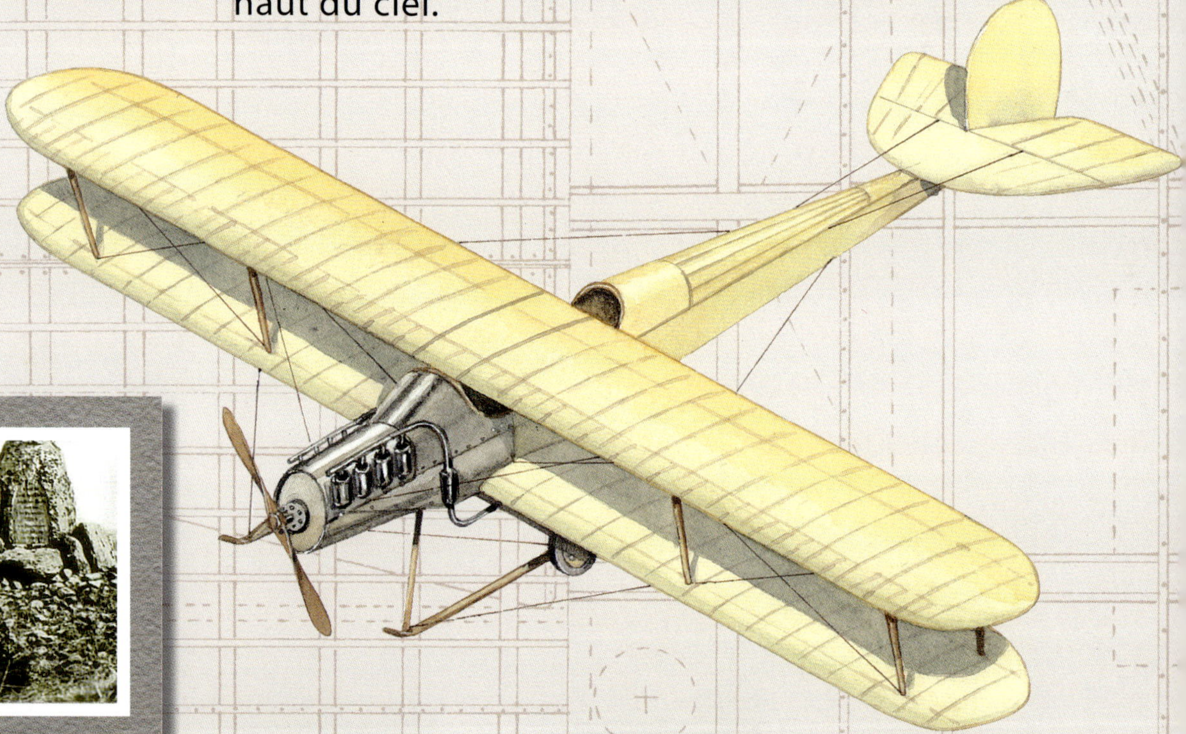

B.E. 2a
LONGUEUR : 9 M
ENVERGURE : 10,70 M
VITESSE : 112 KM/H
PAYS : GRANDE-BRETAGNE

LA BATAILLE DE TANNENBERG
Sur le front de l'Est, les Russes disposent d'une cavalerie plus importante que celle du Reich. Mais les pilotes allemands, à bord d'un Taube, détectent les mouvements des troupes russes, ce qui leur permet de remporter la victoire de Tannenberg, le 29 août 1914.

LIGNE DE FRONT
La Première Guerre mondiale passe rapidement d'une guerre de mouvement à une guerre de tranchées. À partir de l'hiver 1914, la ligne de front varie peu. Le front ouest compte des millions de morts.

En septembre 1914, un avion de reconnaissance français informe l'état-major de la poussée allemande vers le sud, ce qui permet à l'artillerie de déjouer la manœuvre.
Peu après, un pilote appartenant au British Royal Flying Corps découvre que l'armée allemande modifie ses plans d'attaque. Grâce à ces informations, les Français livrent la bataille de la Marne, évitant ainsi l'invasion de Paris.

Morane-Saulnier P
LONGUEUR : 7,20 M
ENVERGURE : 11,20 M
VITESSE : 155 KM/H
PAYS : FRANCE

Rumpler Taube
LONGUEUR : 9,90 M
ENVERGURE : 14,40 M
VITESSE : 115 KM/H
PAYS : ALLEMAGNE

COCARDES NATIONALES
Au début du conflit, les avions militaires n'ont aucun signe de reconnaissance indiquant leur nationalité. Les Allemands peignent des croix noires sur leurs appareils, et chaque pays arborera bientôt ses propres cocardes nationales.

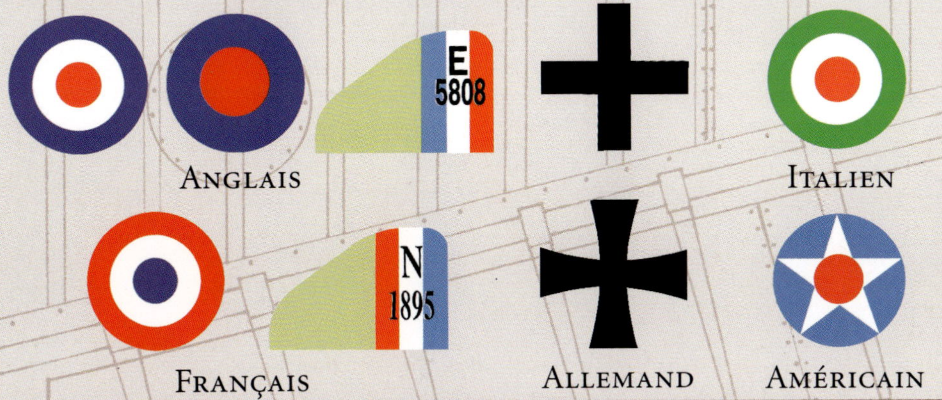

Les bombes

Au début des hostilités, des conventions internationales interdisent les bombardements à partir de ballons dirigeables. Mais aucun accord n'empêche d'utiliser des avions à de telles fins. Les bombardements commencent très tôt.

Avro 504
Les Britanniques détruisent les hangars qui abritent les zeppelins allemands avec des bombes lancées à partir d'avions de type Avro 504.

En août 1914, des pilotes français, imités l'année suivante par les Anglais, bombardent les hangars abritant les zeppelins. En Extrême-Orient, un navire de guerre allemand est coulé par l'aviation japonaise.

L'ARMÉE ALLEMANDE se trouve aux Portes de PARIS il ne vous reste plus qu'à vous rendre

Leutnant VON HIDDESSEN

Propagande
Au cours d'un raid allemand sur Paris, des petites bombes sont lâchées à proximité d'une gare, blessant deux personnes. Le pilote largue également un tract de propagande invitant la population à se rendre.

En décembre, les premières bombes allemandes frappent l'Angleterre. La France crée des escadrons aériens spécialisés. Mais les aéroplanes servent essentiellement à la reconnaissance. Lorsqu'ils sont utilisés pour le combat, le pilote lance de petites bombes à la main, par-dessus bord. Les avions seront ensuite équipés en bombardiers.

MUNITIONS

Au début de la guerre, les bombes sont de taille réduite. Les pilotes lancent également des fléchettes d'acier, peu meurtrières. Les méthodes se perfectionnent avec l'apparition de grosses bombes, un appareil ne pouvant transporter qu'une seule bombe pesant 750 kg.

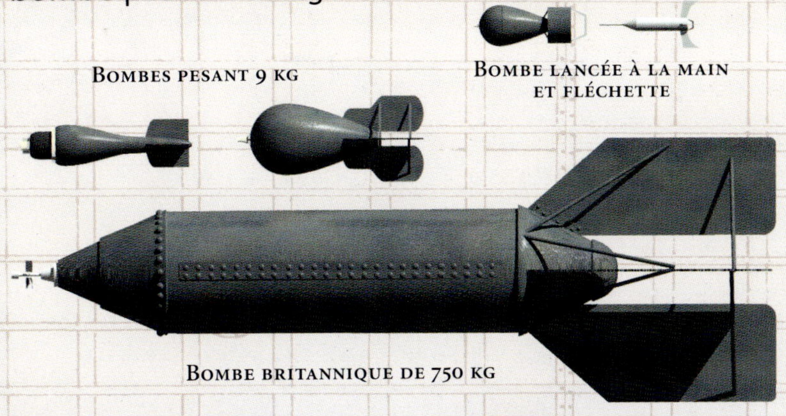

PARIS SOUS LES BOMBES

Le bombardement de Paris par un appareil allemand de type Taube, le 30 août 1914, constitue le premier bombardement aérien d'une capitale.

Le premier « as »

Roland Garros est le premier pilote portant le titre d'« as » de l'aviation de guerre. Après trois ans passés dans les geôles allemandes, il réussit à s'évader, reprend la lutte mais sera tué au combat un mois avant la fin de la guerre.

Lanoe G. Hawker

Le 25 juillet 1915, le Britannique Hawker pilote un appareil armé d'une mitrailleuse montée en biais, de sorte que les balles ne frappent pas l'hélice. Malgré les difficultés à viser correctement, il réussit à abattre trois avions ennemis. Il mourra le 23 novembre 1916 sous les balles de Manfred von Richthofen, le célèbre « Baron rouge ».

Les mitrailleuses

L'intrépide pilote russe Petr Nesterov est célèbre pour avoir réalisé le premier looping en avion (voir p. 30). En septembre 1914, il éperonne un appareil allemand. Les deux avions sont détruits et leurs pilotes tués. On cherche alors à mettre au point une méthode de combat qui permette d'abattre un avion ennemi sans dommage pour le vainqueur et son appareil.

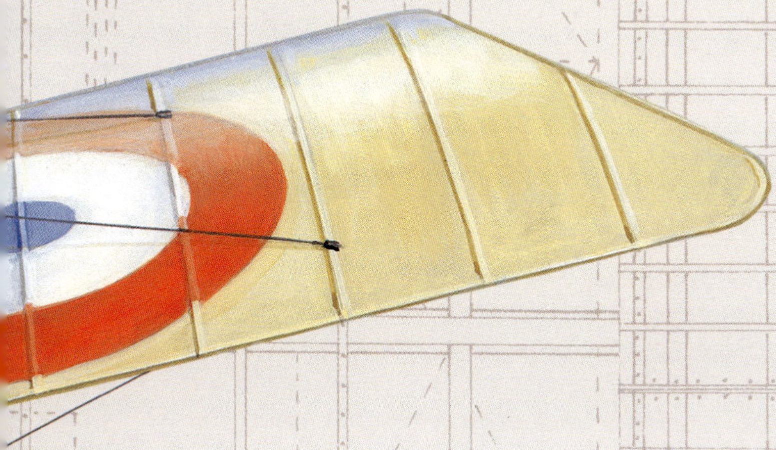

Roland Garros
Il était déjà célèbre pour avoir effectué, en 1913, la première traversée de la Méditerranée en moins de huit heures. À l'atterrissage, le réservoir de son avion était presque vide.

Pistolets, fusils ou grenades à main se révèlent peu précis. La mitrailleuse sera plus fiable, à condition qu'elle soit équipée d'un système autorisant le tir à travers l'hélice sans l'endommager. Ainsi, le pilote peut contrôler son appareil et viser avec précision. En 1915, le pilote français Roland Garros a l'idée de protéger l'hélice de son monoplan Morane-Saulnier au moyen de coins en acier servant de déflecteurs : 90 % des projectiles tirés partent vers leur cible, le reste heurte l'hélice sans faire de dégâts. Il abat ainsi cinq avions allemands. Malheureusement, quelque temps après son exploit, il est obligé d'atterrir dans les lignes ennemies et doit se constituer prisonnier.

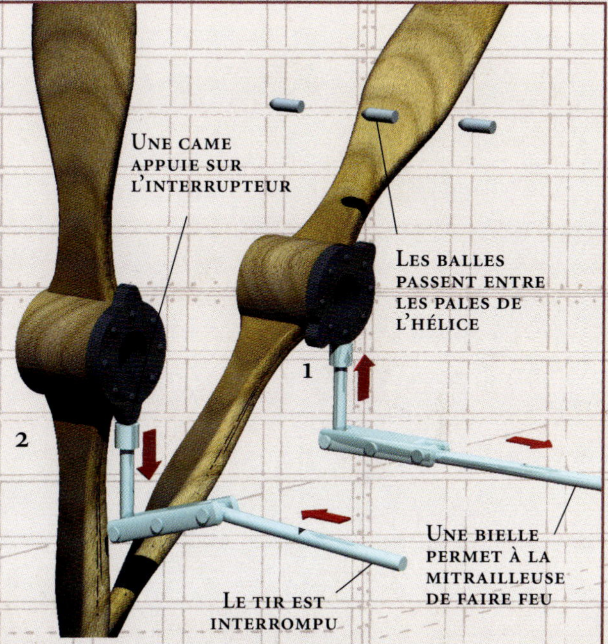

Mitrailleuses synchronisées
Le dispositif mis au point par Roland Garros retient l'attention des Allemands qui chargent l'ingénieur Fokker de l'améliorer. Il installe un interrupteur permettant à la mitrailleuse de faire feu uniquement lorsque les pales de l'hélice ne sont pas dans la trajectoire des balles. Ce système de tir à travers l'hélice sera monté, en 1915, sur le Fokker EI.

Les règles du jeu

Oswald Boelcke (1891-1916), « as » de l'aviation allemande, définit comme suit les principales règles du combat aérien :

1. Veiller à ce que le soleil soit toujours derrière soi.
2. Conduire toute attaque commencée à terme.
3. Ne faire feu que lorsque l'ennemi est à portée.
4. Ne jamais perdre de vue l'ennemi.
5. Ne jamais prendre la fuite face à une attaque ennemie : faire demi-tour pour l'affronter.
6. Attaquer, si possible, en escadrille de quatre avions, voire six.

Fokker EIII
Longueur : 7,30 m
Envergure : 8,60 m
Vitesse : 150 km/h
Pays : Allemagne

Airco DH 2
Longueur : 7,70 m
Envergure : 8,60 m
Vitesse : 150 km/h
Pays : Grande-Bretagne

Nieuport 17
Longueur : 6 m
Envergure : 8,20 m
Vitesse : 170 km/h
Pays : France

La supériorité des Fokker

L'adoption du système Fokker de tir à travers l'hélice permet à l'aviation allemande de modifier complètement la situation sur le front ouest, abattant un nombre important d'appareils alliés.

Immelmann
Né à Dresde, le pilote de chasse Max Franz Immelmann (1890-1916) est, avec Boelcke, l'un des plus célèbres aviateurs du début de la guerre.

Effectuer des vols de reconnaissance devient désormais plus risqué. Les Anglais répliquent avec les De Havilland Airco DH 2, dont le moteur, placé derrière le pilote, permet de mieux positionner la mitrailleuse. Difficiles, voire dangereux à piloter, ces appareils, de même que les Nieuport français, surclassent finalement les Fokker EIII allemands.

Le « tour Immelmann »
Munis de mitrailleuses tirant vers l'avant, les Fokker EIII sont capables d'effectuer un virage serré et un demi-tonneau afin d'attaquer l'ennemi. Immelmann est l'inventeur de cette figure, dont le principe est toujours utilisé en acrobatie aérienne.

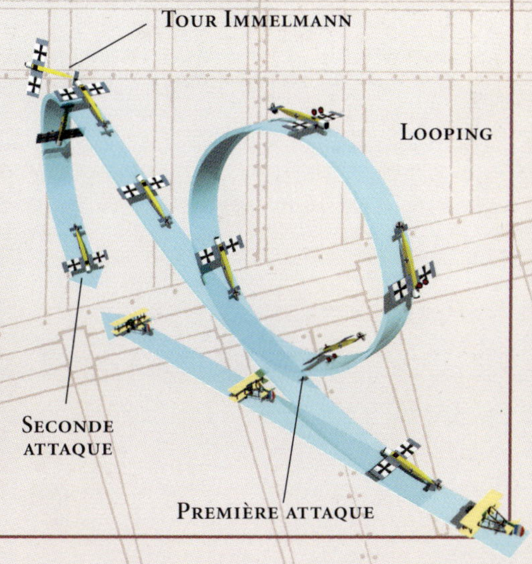

Le comte von Zeppelin
L'aristocrate allemand Ferdinand von Zeppelin (1838-1917) a donné son nom aux immenses dirigeables mis en service dans l'armée du Reich.

L'offensive aérienne

Dès les premiers jours du conflit, les zeppelins allemands bombardent les villes et les troupes au sol. Mais ces immenses dirigeables s'avèrent bientôt très vulnérables. La Première Guerre mondiale est le premier conflit opposant plusieurs pays par la voie aérienne.

L'apparition de la guerre aérienne traumatise les populations civiles. Les Britanniques, en particulier, cessent de se croire à l'abri de leur île. Les zeppelins sont difficiles à repérer, la nuit. Au début, ils sont également malaisés à abattre car, en cas d'attaque, les ballonnets intérieurs remplis d'hydrogène fuient mais ne brûlent pas et peuvent être réparés en vol. La mise au point de balles incendiaires les rendra très vulnérables. Finalement, les lourdes pertes essuyées par les zeppelins stopperont les attaques allemandes.

Bombardements
Les bombardements effectués par les zeppelins sont de courte durée et entraînent des dégâts limités. En Angleterre, ils font 557 morts et environ 1 400 blessés, ce qui n'a rien de comparable avec le nombre de victimes des raids aériens qui se dérouleront lors de la Seconde Guerre mondiale.

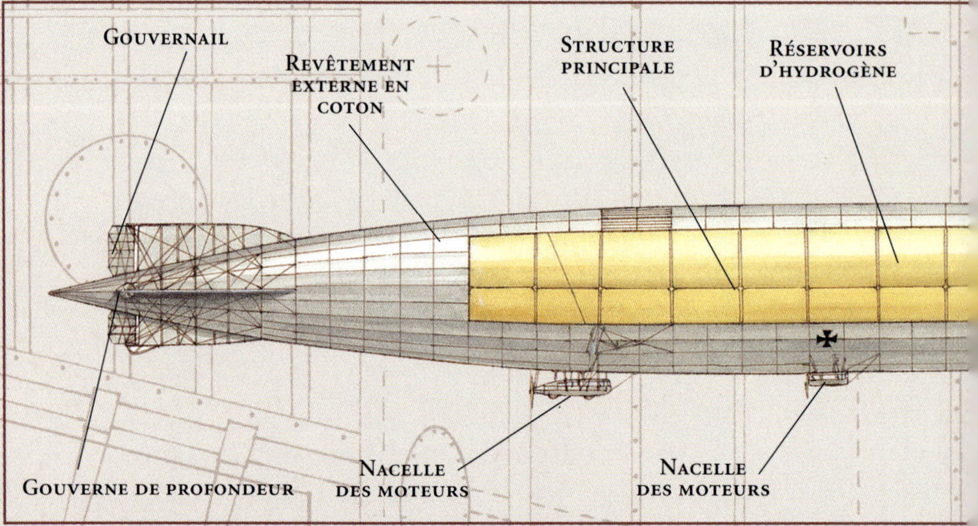

La fin d'un géant

R. J. Warneford, pilote de la Royal Navy Air Service, est le premier à abattre un zeppelin lors d'un combat aérien. L'explosion du dirigeable endommagera sérieusement son propre appareil.

Le ventre d'un zeppelin

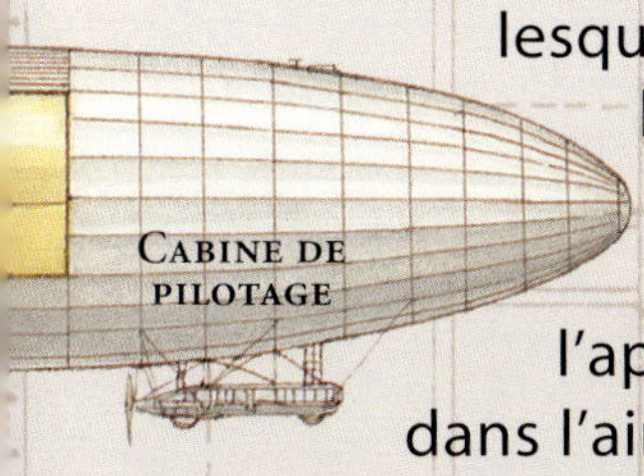

Une structure rigide en métal, entièrement recouverte de tissu, abrite des compartiments internes dans lesquels sont placés des ballonnets contenant de l'hydrogène. Ils permettent à l'appareil de s'élever dans l'air. Situées sous le dirigeable, des nacelles supportent les moteurs et la cabine de pilotage.

Aviation et marine de guerre

Menace sous-marine
Les sous-marins allemands tentent de bloquer les importations de matières premières vers la Grande-Bretagne en coulant de nombreux navires. Mais les reconnaissances aériennes leur rendent la tâche plus délicate.

Sur la mer, les avions et les dirigeables sont surtout utilisés comme moyens de reconnaissance. Lors de la bataille navale de Jutland, en 1916, les navires allemands ont été d'abord repérés grâce à un avion d'observation.

Les dirigeables peuvent rester en vol pendant plusieurs heures. Sur la mer, ils sont difficilement interceptés ou frappés par des avions ennemis. Ils fournissent donc d'excellents postes d'observation, même s'ils sont parfois utilisés pour des attaques.
En 1915, un dirigeable coule un navire pour la première fois, à l'aide d'une torpille sous-marine.
En avril 1917, le zeppelin allemand L23 détruit un bateau à voiles norvégien transportant du bois, en route vers l'Angleterre. Il s'agit sans doute de l'unique victoire d'un dirigeable sur un bateau à voiles.

En patrouille
Les petits dirigeables anglais comme le Sea Scout (ci-dessus) effectueront 60 000 heures de vol autour des îles Britanniques afin de détecter les sous-marins ennemis. Un vol normal dure environ 7 heures, mais des missions de 24 heures ne sont pas rares. La présence d'un dirigeable suffit souvent à protéger les navires anglais d'une attaque menée par les sous-marins allemands.

Le Pirate
Le zeppelin L23, dit *le Pirate*, comptera 101 missions avant d'être abattu en août 1917.

L'hydravion Felixstowe F. 2A
Basé sur le Curtiss H.4 américain, cet imposant hydravion britannique (5 tonnes en poids de charge) effectue de nombreuses patrouilles le long des côtes allemandes, affrontant souvent les hydravions ennemis.

Le « Sanglant Avril » 1917

Von Richthofen
Manfred von Richthofen a été surnommé le Baron rouge en raison de la couleur de son avion. En trois années de combats aériens, il a abattu 80 appareils alliés, avant d'être défait à son tour le 21 avril 1918, à bord de son Fokker Dr.1.

En avril 1917, les forces canadiennes lancent une offensive de taille contre les Allemands. Afin de réduire les pertes au sol, les Alliés cherchent à observer et à photographier les tranchées ennemies depuis un avion, mais les appareils anglais subissent de lourdes pertes.

S'ils sont efficaces en matière d'observation, les avions de reconnaissance canadiens constituent des cibles faciles. Les pilotes, jetés dans la bataille dès leur sortie de l'école, manquent d'expérience face aux chasseurs allemands. Le plus fameux d'entre ces pilotes, Manfred von Richthofen, surnommé le Baron rouge, abat 21 avions en avril 1917. Peinte de couleurs vives, son escadrille a été appelée « Le Cirque volant ».

Ballons d'observation
L'observation des tranchées ennemies se fait également au moyen de ballons attachés au sol, ce qui permet de coordonner les mouvements de troupes. Ils sont souvent la cible de l'aviation ennemie. Des canons antiaériens les protègent de ces attaques.

René Fonck

Le pilote français René Fonck (1894-1953) a mérité le glorieux titre d'« as des as », avec 75 victoires homologuées. Le 25 avril 1917, il fait partie de l'escadrille des Cigognes.

Une proie facile

Largement démodés et sous-équipés, les avions de reconnaissance anglais F.E.2 et B.E.2 furent des proies faciles pour l'aviation de chasse allemande, durant le « Sanglant Avril » de 1917.

CHEVALIERS DU CIEL

Les pilotes de chasse de la Première Guerre mondiale sont de véritables héros. Un grand nombre d'entre eux n'ont pas survécu aux terribles combats aériens qu'ils ont livrés. Pour prétendre au titre d'« as », un pilote doit avoir abattu au moins dix avions ennemis.

UN PEU DE DÉTENTE !
Durant les heures passées au sol, les pilotes trouvent détente et réconfort entre camarades. Cartes et autres jeux sont les bienvenus !

J.T.B. McCudden
NATIONALITÉ : BRITANNIQUE
VICTOIRES : 57
NAISSANCE : 1895
DÉCÈS : 9 JUILLET 1918 (ACCIDENT DE VOL)
Doué de facultés de commandement incontestables, il base sa stratégie sur l'étude minutieuse des tactiques de combat de l'ennemi.

Edward Mannock
NATIONALITÉ : BRITANNIQUE
VICTOIRES : 73
NAISSANCE : 1887
DÉCÈS : 26 JUILLET 1918 (TUÉ AU COMBAT)
Une balle perdue percute son S.E.5, qui s'enflamme et s'écrase au sol.

W.A. Bishop
NATIONALITÉ : CANADIENNE
VICTOIRES : 72
NAISSANCE : 1894
DÉCÈS : 1956
A remporté le plus grand nombre de combats parmi les as canadiens.

Charles Nungesser
NATIONALITÉ : FRANÇAISE
VICTOIRES : 43
NAISSANCE : 1892
DÉCÈS : 8 MAI 1927 (EN MER)
Malgré de nombreuses blessures, Nungesser ne renonce pas au combat. Il disparaîtra au cours de sa tentative de traversée de l'Atlantique en compagnie de François Coli, à bord de l'*Oiseau Blanc*.

Georges Guynemer
NATIONALITÉ : FRANÇAISE
VICTOIRES : 53
NAISSANCE : 1894
DÉCÈS : 11 SEPTEMBRE 1917 (TUÉ AU COMBAT)
Officier-pilote de l'escadrille des Cigognes, il participe à plus de 800 combats et remporte 54 victoires avant d'être abattu près de la frontière belge à bord du *Vieux Charles*.

Eddie Rickenbacker
NATIONALITÉ : AMÉRICAINE
VICTOIRES : 26
NAISSANCE : 1890
DÉCÈS : 1973
Dans le seul mois d'octobre 1918, il réussit à abattre 14 avions ennemis. Son expérience a été précieuse pour la formation des pilotes au cours de la Seconde Guerre mondiale.

Les avions de chasse

Ces deux appareils sont toujours associés aux « as » de l'aviation de guerre. Des pilotes anglais tels McCudden et Mannock ont volé sur le S.E. 5 britannique. Le triplan Fokker Dr.1, d'une utilisation restreinte, est célèbre car c'est à son bord qu'ont été abattus le Baron rouge et Werner Voss.

RAF S.E.5

Fokker Dr.1

Ernst Udet
Nationalité : allemande
Victoires : 62
Naissance : 1896
Décès : 1941
Son parachute a sauvé la vie de cet as de l'aviation allemande à deux reprises. Cet accessoire, d'une grande rareté à l'époque, lui avait été offert par son père.

Marjorie Stinson

Les femmes ne participent pas au combat. Mais deux pilotes, Marjorie Stinson et sa sœur, créent une école de pilotage au Texas. Des centaines d'aviateurs américains viennent s'y entraîner avant de partir pour l'Europe.

Werner Voss
Nationalité : allemande
Victoires : 48
Naissance : 1897
Décès : 23 septembre 1917 (tué au combat)
Ce pilote expérimenté a été tué à bord de son Fokker Dr.1.

Les décorations

À la fin de la guerre, les « as » reçoivent des médailles militaires de la part de leurs pays respectifs en récompense de leurs exploits. Avec eux, le combat aérien est un véritable duel qui rappelle les exploits des chevaliers du Moyen Âge.

États-Unis
Médaille du Congrès

Allemagne
Croix-de-Fer

France
Croix de guerre

Angleterre
Victoria Cross

Essais infructueux

Pour remporter la victoire, de bons pilotes ont besoin de bons avions.

Il faut aujourd'hui plusieurs années avant qu'un nouvel avion militaire ne voie le jour. Lors de la Première Guerre mondiale, dans leur volonté de tenir tête désespérément à l'ennemi, les constructeurs conçoivent de nouveaux types d'avions en un temps record. Et cela, sans l'aide des ordinateurs et avec une connaissance limitée de l'aérodynamique. Ils procèdent donc par tâtonnements, au risque de commettre des erreurs. Si un triplan est capable de voler, pourquoi ne pas essayer un avion à quatre ou cinq ailes ? Dans l'état des connaissances de l'époque, les constructeurs sont obligés d'entreprendre des expériences audacieuses, et ils ne s'en privent pas !

Anthony Fokker (1890-1939)
De nationalité hollandaise, Fokker a construit des milliers d'avions de combat pour les armées allemande et autrichienne. Après la guerre, il fonde une filiale aux États-Unis et devient l'un des principaux constructeurs de l'aviation civile.

Construction à la chaîne
La guerre exige la construction de milliers d'avions. Les différentes parties de leur structure en bois sont fabriquées par des charpentiers, puis assemblées par des fils métalliques et recouvertes de toile rendue étanche par une couche de laque. Forte d'une grosse centaine d'avions en 1914, la France en possède près de 12 000 en 1918 !

Supermarine Nighthawk

Cet avion impressionnant est destiné à la défense aérienne contre les zeppelins. Malheureusement, les dirigeables se déplacent beaucoup plus vite et volent deux fois plus haut que lui…

Junkers J1

Dès 1915, l'Allemand Junkers développe le premier avion entièrement métallique, à ailes autoporteuses, et dépourvu de suspente. Ce type de construction sera utilisé après la guerre pour la fabrication de petits avions civils.

Fokker V.8

Si Fokker a eu de brillantes idées, son modèle V.8 Quintuplan (à cinq ailes) de 1917 s'est révélé un échec. Au terme de deux essais infructueux, il renonça à le faire voler.

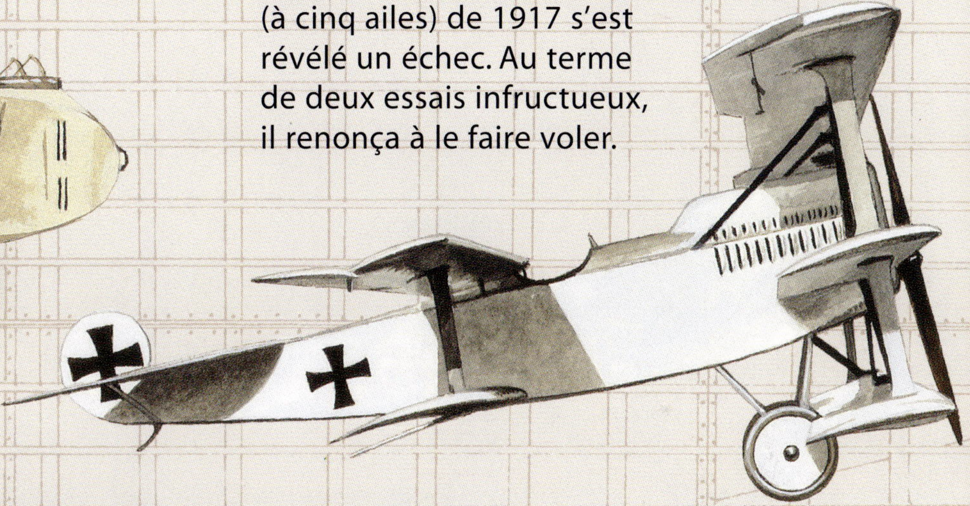

Tarrant Tabor

Conçu pendant la guerre, ce bombardier anglais de taille et d'envergure impressionnantes, équipé de six moteurs, ne fait son premier vol d'essai qu'en 1919… sans parvenir à décoller. Ses moteurs supérieurs l'ont fait piquer du nez !

À l'attaque

Chaque Camel emporte trois bombes assez puissantes pour enflammer l'hydrogène des zeppelins. Des flammes s'élèvent bientôt jusqu'à 300 mètres au-dessus des hangars. Les Allemands n'avaient pas imaginé que des appareils anglais pourraient les attaquer si loin de leur base.

Sopwith Camel

Très maniable, rapide, le Sopwith Camel mis en service en 1917 peut être extrêmement meurtrier entre les mains d'un excellent pilote. Mais il est difficile à manier, et de nombreux aviateurs ont laissé leur vie en apprenant à maîtriser sa conduite.

Porte-avions

Le premier envol d'un avion à partir d'un navire de guerre remonte au 14 novembre 1910. Les premiers porte-avions sont construits durant le conflit. Les avions de chasse ont alors une autonomie réduite, d'où la nécessité de concevoir des navires destinés à les transporter et à les ravitailler.

Première marine de guerre à construire un porte-avions (le *HMS Furious*), la Royal Navy le destine à lancer des patrouilles de détection de sous-marins. Elle souhaite aussi combattre les zeppelins. Des avions militaires basés sur un porte-avions mènent pour la première fois une attaque terrestre en juillet 1918. Tôt le matin, les appareils anglais se dirigent sur la base de Tondern, détruisant deux zeppelins abrités dans un hangar. Choquées, les troupes allemandes tirent des coups de feu en direction des appareils. Trois avions de type Camel manquent bientôt de carburant et atterrissent sur la côte ouest du Danemark (pays neutre). Leurs pilotes sont arrêtés.

Sur le porte-avions
Lors de l'attaque contre Tondern, sept Camel décollent du croiseur *HMS Furious*, aménagé à cet effet. Mais, leur mission accomplie, il leur est impossible d'y atterrir. Ils seront récupérés par un destroyer dans des vagues de 3 mètres de haut.

Eugene Ely
En 1910, le pilote américain Eugene Ely décolle de la plate-forme aménagée sur la plage avant d'un croiseur américain, le *Birmingham*. En 1911, il apponte, avec le même avion, sur la plate-forme aménagée à l'arrière du cuirassé *Pennsylvania*. Son avion est arrêté par un crochet d'appontage qui s'accroche aux filins tendus en travers du pont.

Risque maximum
Les attaques aériennes des tranchées, en rase-mottes et à vitesse relativement réduite, se révèlent très dangereuses. Dépourvus de parachutes, les pilotes y laissent souvent leur vie, au cours des derniers mois de la guerre.

Attaques au sol

Le bombardement des usines et des villes situées en arrière du front, à la fois par les zeppelins et les avions de combat, a été couronné d'un succès relatif. Les dommages causés n'ont pas joué un rôle déterminant dans l'issue du conflit. Tel n'a pas été le cas pour les attaques au sol par l'aviation, pendant l'année 1918.

Pendant les longues années de la guerre de tranchées, il est impossible de percer les lignes de défense ennemies. Les morts et les blessés se comptent

par millions, au cours des grandes offensives, tandis que les lignes de front ne changent quasiment pas. En 1918, des troupes américaines viennent renforcer le front ouest, et l'armée britannique engage l'infanterie, les tanks et l'aviation de chasse à œuvrer ensemble. Cette tactique oblige les Allemands à se défendre sur tous les fronts en même temps, puis à battre en retraite.

L'escadrille Lafayette

Dès 1916, des volontaires américains volent dans l'armée de l'air française. L'année suivante, l'Amérique s'engage dans la guerre et l'escadrille Lafayette, formée de pilotes chevronnés, s'illustre par de nombreux succès.

Attaque simultanée

Les Sopwith Camel anglais prêtent souvent leur concours à l'infanterie et aux blindés. Ils ont contribué à la victoire, au prix de lourdes pertes, en particulier en septembre 1918.

Bombardier

En 1918, les gros bombardiers Handley Page 0/400 sont utilisés pour frapper les voies ferrées et les agglomérations, en arrière du front allemand. Armés de cinq mitrailleuses, ils peuvent charger presque une tonne de bombes à leur bord. Leurs ailes immenses se replient pour le stationnement au sol.

L'ULTIME BATAILLE

Au début de l'automne 1918, le conflit devient très meurtrier. Au cours d'un raid, l'as canadien George Barker affronte de nombreux Fokker ennemis.

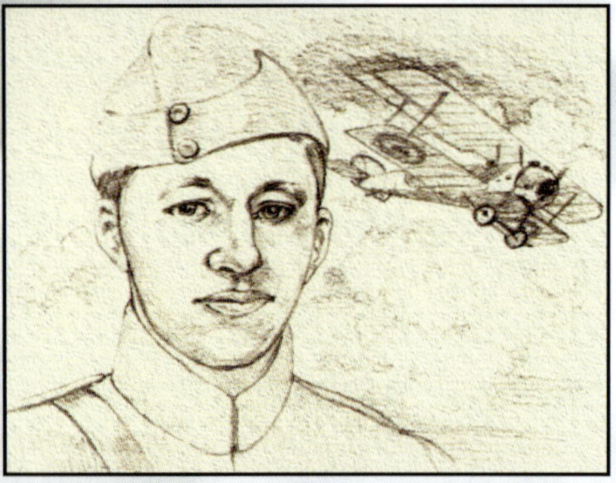

WILLIAM GEORGE BARKER
Le Canadien Barker préfère s'engager dans les *Flying Corps* au lieu de combattre dans la boue des tranchées. Ce brillant pilote abat 52 avions ennemis. Il mourra en 1930, dans un accident d'avion.

Le 27 octobre 1918, Barker décolle avec son Sopwith depuis la France pour rejoindre l'Angleterre. Il abat d'abord un biplace allemand, mais cette attaque n'était qu'un piège : il est bientôt entouré de Fokker D.VII ennemis, dernière génération, et en abat quatre avant d'effectuer un atterrissage en catastrophe. Gravement blessé, Barker sera toujours hospitalisé lorsque la guerre prendra fin, à la onzième heure du onzième jour du onzième mois de l'année 1918.

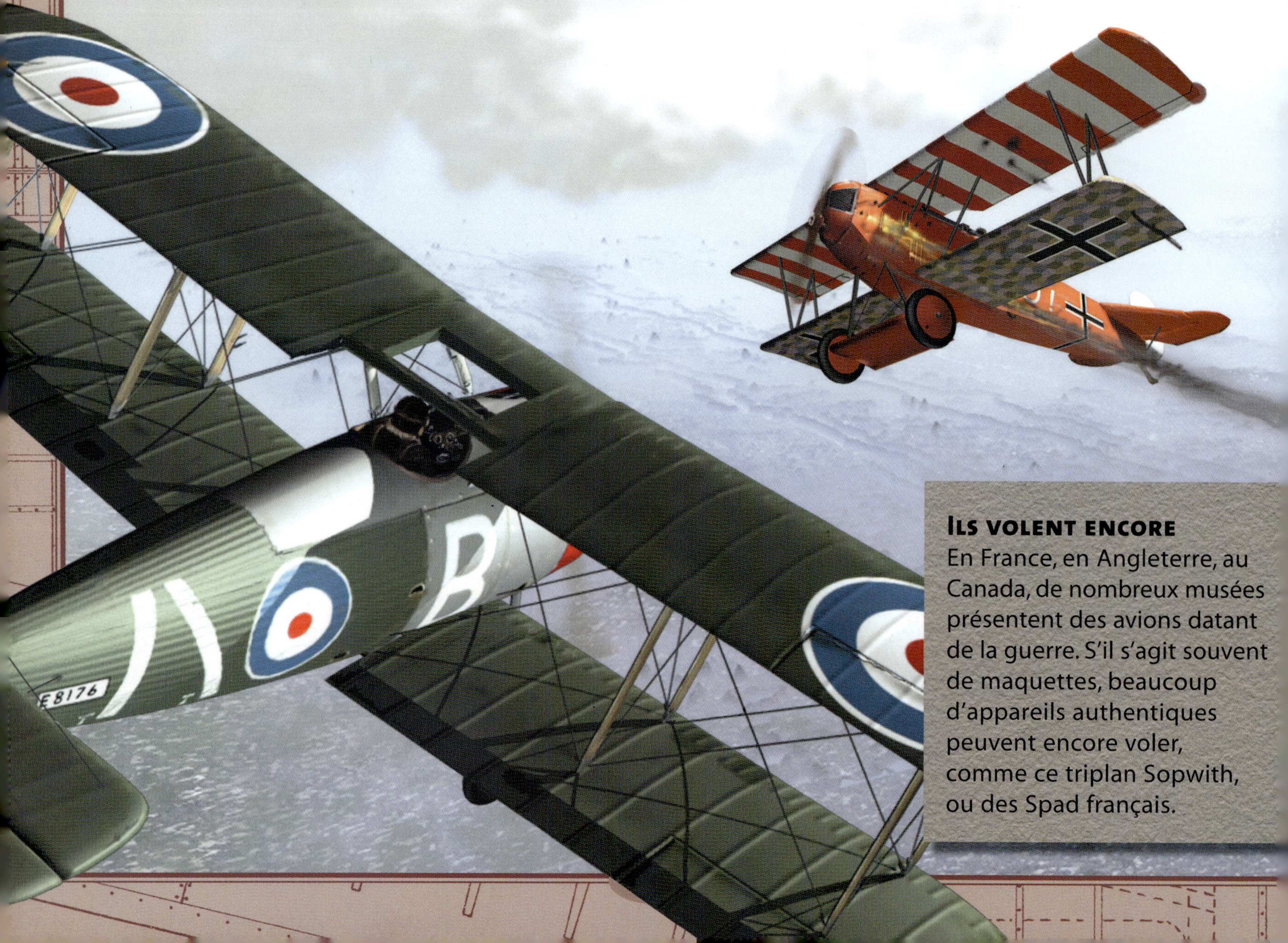

ILS VOLENT ENCORE
En France, en Angleterre, au Canada, de nombreux musées présentent des avions datant de la guerre. S'il s'agit souvent de maquettes, beaucoup d'appareils authentiques peuvent encore voler, comme ce triplan Sopwith, ou des Spad français.

Novembre 1918

Le 1er novembre, l'aviation française lance 40 tonnes de bombes sur les troupes allemandes en retraite ; le 3 novembre, 65 tonnes de bombes supplémentaires s'abattent sur l'ennemi.

L'équipement des pilotes

Au fur et à mesure du déroulement de la guerre, les avions volent de plus en plus haut. Lors de son célèbre combat, Barker s'est élevé jusqu'à 6 000 m, la température atteignant alors moins 35° C. Les cockpits sont ouverts, aussi les pilotes doivent-ils s'équiper pour résister au froid. À cette altitude, le manque d'oxygène constitue également un problème important.

Le guide des passionnés

La Première Guerre mondiale donne à l'aviation militaire une impulsion décisive. En quatre ans, les avions gagnent en vitesse et en maniabilité de façon spectaculaire. À la fin du conflit, ils volent deux fois plus vite qu'au début.

Siemens Schuckert D III
Pays : Allemagne
Catégorie : chasseur monoplace
Longueur : 6,70 m
Envergure : 8,40 m
Vitesse : 180 km/h

Fokker DR.1
Pays : Allemagne
Catégorie : chasseur monoplace
Longueur : 5,80 m
Envergure : 7,20 m
Vitesse : 185 km/h

Sopwith Camel
Pays : Grande-Bretagne
Catégorie : chasseur monoplace
Longueur : 5,70 m
Envergure : 8,50 m
Vitesse : 185 km/h

Gotha GV
Pays : Allemagne
Catégorie : bombardier
Longueur : 11,90 m
Envergure : 23,70 m
Vitesse : 140 km/h

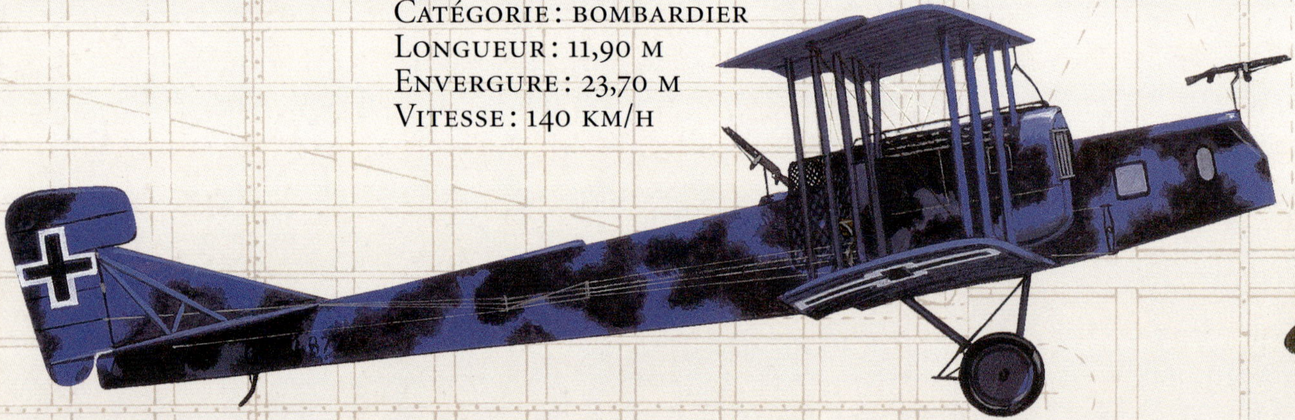

Spad S.XIII
Pays : France
Catégorie : chasseur monoplace
Longueur : 6,30 m
Envergure : 8,10 m
Vitesse : 224 km/h

Royal Aircraft Factory S.E. 5A
Pays : Grande-Bretagne
Catégorie : chasseur monoplace
Longueur : 6,40 m
Envergure : 8,10 m
Vitesse : 222 km/

Albatros D.VA
Pays : Allemagne
Catégorie :
chasseur monoplace
Longueur : 7,30 m
Envergure : 9 m
Vitesse : 186 km/h

Fokker D.VII
Pays : Allemagne
Catégorie : chasseur monoplace
Longueur : 7 m
Envergure : 8,90 m
Vitesse : 299 km/h

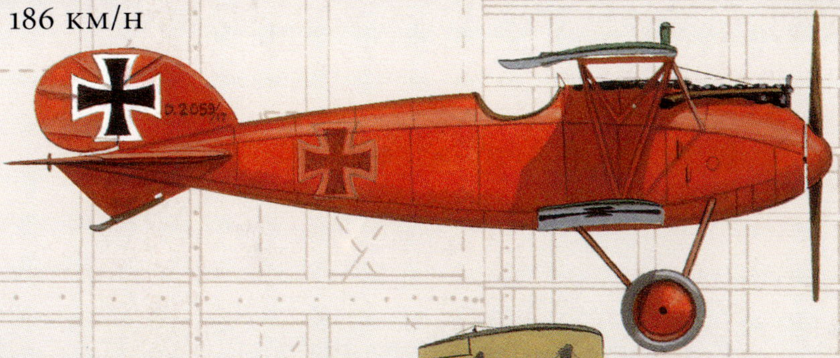

Handley Page 0/400
Pays : Grande-Bretagne
Catégorie : bombardier
Longueur : 19,20 m
Envergure : 30,50 m
Vitesse : 122 km/h

Bristol type 22 F.2B
Pays : Grande-Bretagne
Catégorie : chasseur/observateur biplace
Longueur : 7,90 m
Envergure : 12 m
Vitesse : 198 km/h

Zeppelin
Pays : Allemagne
Catégorie : ballon dirigeable bombardier
Longueur : 198 m
Diamètre : 24 m
Vitesse : 103 km/h

3

LES HÉROS

Sommaire

AUDACE ET COURAGE
Entre les deux guerres mondiales, les foules se pressent pour assister aux courses et aux meeting aériens. Pour le public, les aviateurs sont des héros. Le *Castrol Year Book* de 1934 enregistre leurs exploits.

Introduction

Après la Première Guerre mondiale, les aviateurs se lancent à la conquête de la Terre. Pendant deux décennies, sautant d'un continent à l'autre, ils écrivent l'histoire, à la fois passionnante et tragique, de l'exploration aérienne. Les femmes se lancent aussi dans l'aventure. Le public admire les pilotes traités comme de véritables vedettes par la presse. À leur arrivée, ceux qui pulvérisent des records sont fêtés par des foules enthousiastes et entrent dans la légende. Ils sont reçus par les rois et fréquentent les grands de ce monde. D'autres aviateurs, moins chanceux, disparaissent à tout jamais après le décollage, laissant derrière eux le souvenir d'un point s'évanouissant à l'horizon.

Retour sur terre
Les longs voyages aériens sont périlleux. Après avoir réussi la première traversée sans escale de l'Atlantique, l'avion chute comme ci-dessus.

Petit avion, grand tour
Au cours des longs vols, les pilotes sont recroquevillés dans un cockpit étroit et assourdis par le bruit des moteurs. En 1931, le Lockheed Vega *Winnie Mae* porte le record du tour du monde à 8 jours, 15 heures et 52 minutes.

Traverser l'Atlantique

Le départ
1919 : Alcock et Brown s'envolent pour la traversée de l'Atlantique. Le décollage d'un avion manquant de puissance, emportant de lourdes réserves de carburant, est le tout premier danger des vols longue distance.

Entre mai et juillet 1919, dix ans après la traversée de la Manche, deux aéroplanes et un dirigeable franchissent l'Atlantique. Ils réalisent la première traversée de l'océan, le premier vol sans escale et le premier vol aller et retour.

Le 14 juin, John Alcock et Arthur Whitten Brown décollent de Terre-Neuve au Canada à bord du *Vickers Vimy*, un bombardier transformé pour le vol. Peu après le départ, la radio tombe en panne et un tuyau d'échappement casse. Le bruit empêche les deux hommes de parler.

Le dirigeable R-34
Parti le 2 juillet 1919, le R-34 britannique effectue la première traversée aller et retour de l'Atlantique. Il lui faut quatre jours et demi pour relier l'Écosse à Long Island, près de New York, par vents contraires. Le retour dure trois jours et trois heures.

Puis de la glace se forme sur les ailes, menaçant l'appareil de s'écraser dans l'eau. Avec adresse et un petit peu de chance, les aviateurs parviennent à maintenir l'avion en vol. En atteignant la côte irlandaise le 15 juin, ils réussissent la première traversée sans escale de l'Atlantique.

Curtiss NC-4

Le 14 mai 1919, l'hydravion Curtiss de la marine américaine, le NC-4, réalise la toute première traversée de l'Atlantique en reliant Terre-Neuve à Lisbonne via les Açores. Deux autres hydravions tentent l'aventure sans succès. Contraint d'amerrir, le second affronte une tempête puis parcourt en naviguant les 320 kilomètres le séparant des Açores.

Hasardeux

À trois heures du matin, Brown retire la glace et la neige des jauges de carburant. Une tâche dangereuse dans un cockpit ouvert.

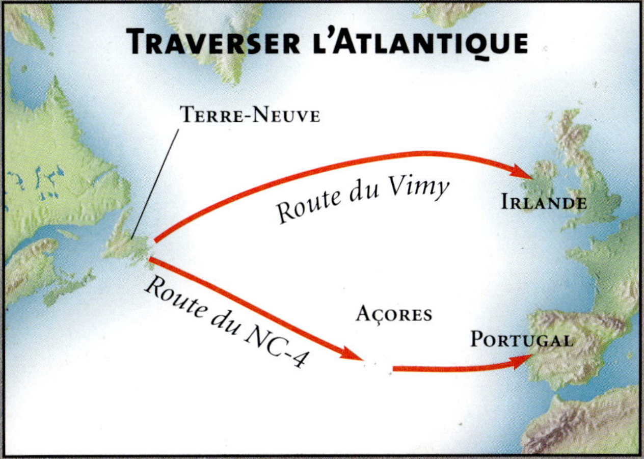

La voltige

Dans les années 1920, d'audacieux pilotes font des tournées dans tous les États-Unis. Ils atterrissent dans des champs près des villages, dorment sous les ailes de leur avion. Ils vivent à la dure, mais ils volent !

Alan Cobham (1894-1973)
Grand aviateur de l'entre-deux guerres, Cobham est pilote d'essai, pilote de longue distance, organisateur d'un cirque volant et pionnier du ravitaillement en vol.

À l'issue de la Première Guerre mondiale, des milliers de pilotes de l'armée de l'air se retrouvent au chômage. La plupart d'entre eux n'ont pas les moyens financiers pour s'adonner à leur passion. Les compagnies aériennes n'en recrutent que quelques-uns. Comment continuer à voler ? Grâce aux spectacles de voltige. À bord d'anciens avions d'entraînement, les pilotes volent de village en village. Héros de guerre, ils exécutent des acrobaties aériennes et promènent des millions de paysans pour d'étonnants baptêmes de l'air. Dans les années 1930, en Grande-Bretagne, Alan Cobham se produit avec son *Flying Circus* : le « cirque volant ».

Bessie Coleman (1892-1926)
Bessie veut voler. Mais aucune école de pilotage américaine n'accepte alors les Noirs. Après avoir appris à piloter en France, elle retourne aux États-Unis. Elle exige qu'à ses exhibitions, Noirs et Blancs empruntent la même porte. Elle trouve la mort dans un accident d'avion avant de réaliser son rêve : fonder une école de pilotage ouverte à tous.

Curtiss « Jenny »

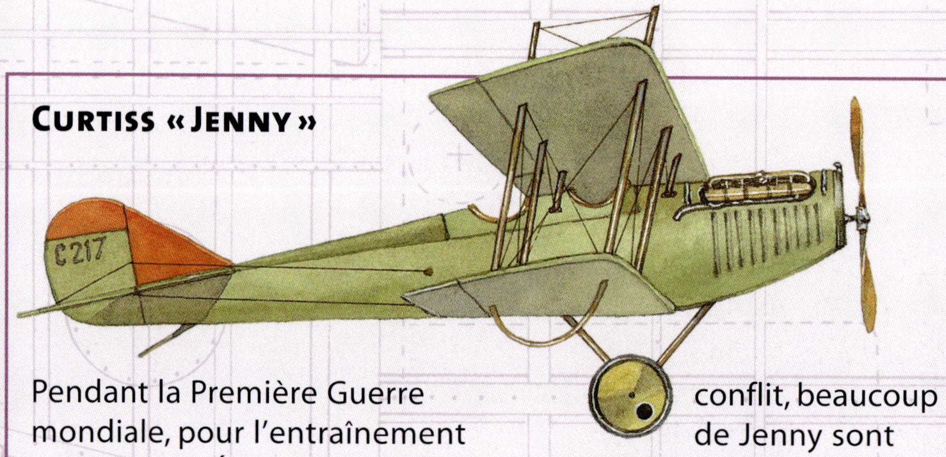

Pendant la Première Guerre mondiale, pour l'entraînement militaire aux États-Unis, Curtiss construit plus de 6 000 JN-4s, baptisés « Jenny ». Après le conflit, beaucoup de Jenny sont vendus aux civils pour 50 dollars. Ils sont appréciés des pilotes acrobates.

DÉFIER LA MORT

Pour les spectacles de voltige ou les films de cinéma, les pilotes prennent des risques inouïs. Ils se suspendent par les dents à une corde flottant sous l'avion en vol, sautent d'un avion à l'autre…

UN SPECTACLE INOUÏ
Les pilotes s'émerveillent de la beauté grandiose du mont Fuji qu'ils survolent au Japon.

UNE DUCHESSE VERS L'INDE
À 61 ans, Mary du Caurroy, duchesse de Bedford, vole pour la première fois. Fascinée par l'aviation, elle engage un pilote pour établir à ses côtés, à bord d'un Fokker F VII-3m, le record du vol aller et retour entre l'Angleterre et l'Inde (1929). Elle disparaît en 1937 alors qu'elle vole seule.

En Asie

En 1926, deux aviateurs militaires danois – Botved et Olsen – effectuent l'une des premières liaisons aller et retour entre l'Europe et le Japon. Le voyage mouvementé dure trois mois. Un avion les accompagnant s'écrase en Inde.

Fokker CV
Botved et Olsen pilotent un Fokker CV, avion militaire très performant. Il s'agit d'un biplan aux ailes non renforcées par des câbles, un type d'ailes épaisses et résistantes développées par Fokker pendant la Première Guerre mondiale.

À une époque où peu de gens s'aventurent loin de chez eux, s'envoler pour l'Asie représente un voyage vers l'inconnu. Partout les pilotes suscitent une curiosité passionnée et sont accueillis en héros. La fuite d'un réservoir d'essence oblige Botved et Olsen à atterrir en Chine. Heureusement, au milieu des collines et des champs de riz inondés, ils repèrent une bande de terre longue de 200 mètres où poser l'avion. Mais alors qu'ils partent à la recherche de carburant, les paysans dépouillent l'appareil de pièces qu'ils finiront par restituer après de laborieuses négociations !

Aller-retour
Botved et Olsen atterrissent 47 fois entre l'Europe et le Japon. Ils survolent les Balkans, le Proche-Orient, l'Inde, le Sud-Est asiatique et la Chine. Au retour, ils se posent seulement 16 fois et volent au-dessus de la Sibérie et de la Russie. Au total, leur parcours en vol dure 193 heures et 15 minutes.

Lindbergh

Les 20 et 21 mai 1927, Charles Lindbergh, qui est la 92e personne à franchir l'Atlantique, accomplit la première traversée de l'Amérique au continent européen, seul sur son monoplan et sans escale.

Un avion célèbre
Le *Spirit of St Louis*, ici à l'aéroport du Bourget, regagne les États-Unis en bateau. Lindbergh l'utilise pour une tournée en Amérique du Nord et du Sud avant de l'offrir à la Smithsonian Institution.

Pilote expérimenté des services postaux, Lindbergh (1902-1974) décide de survoler l'Atlantique dans un avion financé par les hommes d'affaires de Saint-Louis et baptisé *Spirit of St Louis*. Lourdement chargé de carburant lors du décollage, il franchit de justesse les câbles téléphoniques en bout de piste. À tout moment, Lindbergh, qui lutte difficilement contre le sommeil pendant 5 800 km et plus de 33 heures, risque de s'écraser en mer. À son arrivée à l'aéroport du Bourget, près de Paris, une foule enthousiaste franchit les barrières et se rue vers son avion.

Terre !
Quel soulagement pour les pilotes d'apercevoir la terre ferme après avoir survolé la mer pendant des heures. Le Français Charles Nungesser qui disparut dans l'Atlantique deux semaines avant le vol de Lindbergh n'eut pas cette joie.

1 Lucarne
2 Siège d'osier
3 Accélérateur
4 Manche à balai
5 Périscope
6 Réservoir principa
7 Jauge d'huile et d'essence
8 Altimètre
9 Indicateur de la vitesse de l'air

Légion d'honneur

En France, Charles Lindbergh est décoré de la Légion d'honneur, l'une des plus hautes distinctions. Puis, aux commandes de son avion, il se rend à Bruxelles puis à Londres. Enfin, il regagne les États-Unis. En accomplissant son exploit, il a non seulement uni deux continents mais aussi fait vibrer à l'unisson les cœurs de tous les peuples.

Aux commandes

Comparés à ceux d'un avion moderne, les instruments du *Spirit of St Louis* sont rudimentaires. Un énorme réservoir de 1 705 litres est fixé sous l'aile, devant le pilote, pour éviter le déplacement du centre de gravité quand le carburant s'épuise. Mais cela contraint Lindbergh à piloter en regardant à travers un périscope !

Fokker F.VII-3m

L'avion de Smithy est un Fokker F.VII-3m, fabriqué aux Pays-Bas, baptisé *Southern Cross* (Croix du Sud). Les pilotes sont assis, sans être attachés, dans un cockpit en partie ouvert, trempés par la pluie et assourdis par le bruit des moteurs. Les sièges du navigateur et de l'opérateur radio, non fixés au plancher, bougent en cas de turbulences.

Le ravitaillement

Le *Southern Cross* ne peut traverser le Pacifique sans escale. L'équipage se pose deux fois sur de petites îles entre les États-Unis et l'Australie pour ravitailler l'avion.

Le Southern Cross

En 1928, Charles Kingsford Smith, surnommé Smithy, et son équipage entreprennent la première traversée du Pacifique. Cette dangereuse équipée de 11 900 kilomètres, avec escales, est alors le plus long vol effectué au-dessus de la mer.

Au cours de la traversée, les aviateurs n'apercevront que deux bateaux. Parfois, d'inquiétants nuages noirs ballottant l'appareil rendent la navigation impossible. La dernière étape, entre les îles Fidji et l'Australie, est la plus éprouvante. D'après Smithy, l'équipage avançait, au milieu de la pluie et des éclairs, sans avoir la moindre idée de sa position. Cependant, grâce à une habile navigation, l'avion atteint la côte australienne, 175 kilomètres au sud de Brisbane. Le vol au-dessus de l'Atlantique a duré 83 heures. Les quatre aviateurs sont épuisés, mais fiers et heureux.

Le dernier vol
Smithy bat d'autres records avec la Croix du Sud. Il gagne aussi sa vie en organisant des baptêmes de l'air. En 1935, il disparaît après avoir quitté la Birmanie pour un long vol.

Bert Hinkler (1892-1933)
Australien engagé dans l'aéronavale britannique pendant la Première Guerre mondiale, Bert Hinkler devient ensuite pilote d'essai et effectue de longs vols. En 1928, il établit le record du vol, seul, en Australie.

La passion du Sahara
Saint-Exupéry aime le paysage unique du Sahara. Il apprécie les nuits passées en plein air en compagnie du vent, du sable et des myriades d'étoiles scintillant dans le ciel.

La poste aérienne
Le transport du courrier contribue à la survie financière des premières compagnies américaines. Un Douglas M-2 de la Western Air Service relie ainsi Los Angeles à Salt Lake City. Parfois, les avions postaux emmènent des passagers.

L'Aéropostale

Les aviateurs français de l'Aéropostale ouvrent des routes entre l'ouest du Sahara et Dakar, d'où le courrier repart en bateau pour l'Amérique du Sud.

Fondée au lendemain de la Première Guerre mondiale par Latécoère, un industriel toulousain, l'Aéropostale assure, à partir de 1925, une liaison régulière Toulouse-Dakar, non sans accidents ni difficultés. Voler au-dessus du désert est une entreprise périlleuse. Depuis 1927, Antoine de Saint-Exupéry, pilote de l'Aéropostale, est chef d'escale de Cap Juby, dans le sud du Maroc, au Sahara occidental où il a pour mission de secourir les pilotes tombés en panne dans le désert. En juillet 1928, il décide de ramener un avion victime d'une avarie de moteur. Il prend la tête d'une équipe composée d'un mécanicien, de quinze gardes armés pour parer aux dangereuses attaques des Maures, de chevaux, d'ânes et de chameaux tirant le chariot de fortune transportant le moteur de rechange. Pendant que le mécanicien remplace le moteur, les gardes nivellent une piste longue de 90 mètres entre les dunes. Dans l'après-midi, Saint-Exupéry revient avec l'avion réparé.
L'autre grande figure de l'Aéropostale se nomme Jean Mermoz (1901-1936). Le 12 mai 1930, il effectue la première liaison directe France-Brésil à travers l'Atlantique Sud.

Saint-Exupéry
Célèbre pour ses exploits d'aviateur de l'Aéropostale, Antoine de Saint-Exupéry (1900-1944, à droite) est aussi un grand écrivain. Ses atterrissages forcés dans le désert ont inspiré *Le Petit Prince*.

Le facteur volant
Avant sa traversée historique de l'Atlantique, Charles Lindbergh transporta le courrier entre New York et Chicago, de jour comme de nuit et par tous les temps, expérience très formatrice. Il dut parfois quitter l'avion postal en parachute en raison des conditions météorologiques ou de graves problèmes techniques.

Le survol des Pôles

Les premiers vols au-dessus des Pôles sont des expéditions à part entière. Le voyage à bord d'avions non chauffés est des plus inconfortables. Et en cas d'atterrissage d'urgence, personne ne peut aider l'équipage.

Les deux Pôles
Commandant de la marine américaine, R.E. Byrd (1888-1957) est le premier homme à voler au-dessus des deux Pôles de notre planète.

En 1919, le commandant américain Richard Evelyn Byrd contribue à la préparation du premier vol au-dessus de l'Atlantique, sans toutefois y participer. Le 9 mai 1926, il est le premier homme à survoler le pôle Nord. À bord d'un Fokker F.VIIa-3m, Byrd

L'épopée du *Norge*
En 1925, Roald Amundsen, explorateur norvégien, premier homme à avoir atteint le pôle Sud (1911), tente sans succès de survoler le pôle Nord avec deux hydravions. En mai 1926, deux jours après le vol de Byrd, il y parvient avec le dirigeable *Norge*. Amundsen pousse le dirigeable jusqu'à l'Alaska, effectuant ainsi le premier vol arctique entre l'Europe et l'Amérique du Nord.

et son équipage décollent d'une piste improvisée, couverte de glace, située dans l'archipel norvégien du Spitzberg, à 1 200 kilomètres du Pôle. Le vol aller et retour, qui dure 16 heures, est une réussite. Le 28 novembre 1929, Byrd reproduit son exploit au pôle Sud.

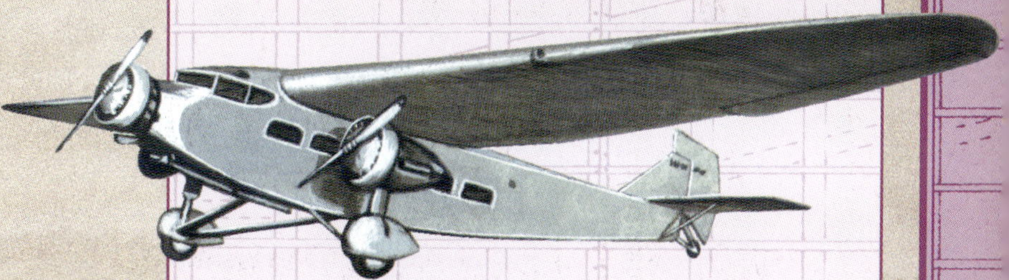

Ford trimoteur
Le Ford trimoteur *Tin Goose* peut tout faire : transporter passagers et fret, livrer bataille et exécuter des acrobaties. C'est l'avion choisi par Byrd pour survoler le pôle Sud en novembre 1929.
Au cours du vol, il jette les lourds sacs de vivres pour faciliter l'ascension de l'appareil et franchir les hautes montagnes de l'Antarctique.

La grande course

Fin prêt
De Havilland construit le Comet dans le plus grand secret et effectue les vols d'essai six semaines à peine avant le départ. Ici, l'avion est ravitaillé à Mildenhall.

Trente et un ans après le premier vol motorisé d'une durée de 12 secondes, réalisé en 1903 par les frères Wright, les avions font la course sur une distance équivalant à la moitié d'un tour du monde.

Le 20 octobre 1934, les vingt concurrents de la course aérienne Angleterre-Australie, pour laquelle sir Macpherson Robertson offre un prix, décollent de Mildenhall en direction de Melbourne. Trois équipes britanniques fondent leurs espoirs sur le De Havilland Comet fabriqué pour la course. Des avions comme le Boeing 247 et le DC-2 participent à la compétition. Neuf appareils abandonnent en route. C'est une équipe britannique, à bord d'un Comet, le *Grosvenor House*, qui remporte l'épreuve après 71 heures 18 minutes de vol. C'est la première fois que l'on couvre pareille distance aussi rapidement.

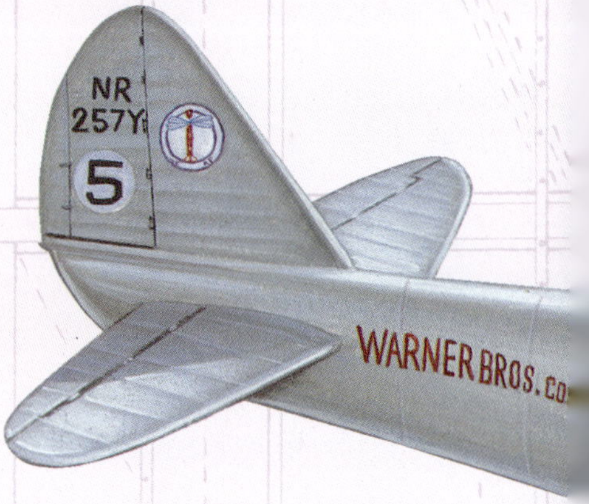

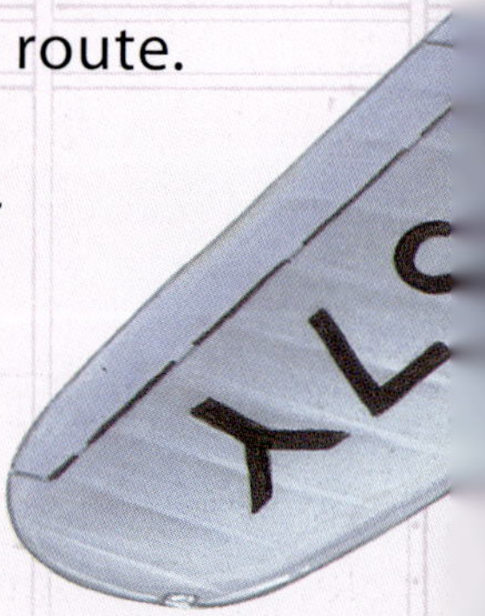

Jacqueline Cochran
L'aviatrice américaine, qui observe un autogire, a participé à la course Angleterre-Australie. Des problèmes techniques l'ont obligée à abandonner en Roumanie. En 1938, elle remporte la coupe Bendix lors d'une course aérienne. Après la Seconde Guerre mondiale, elle est la première femme à franchir le mur du son et à piloter le Lockheed F-104 Starfighter volant à Mach 2.

Douglas DC-2
Longueur : 18,90 m
Envergure : 25,90 m
Vitesse : 316 km/h

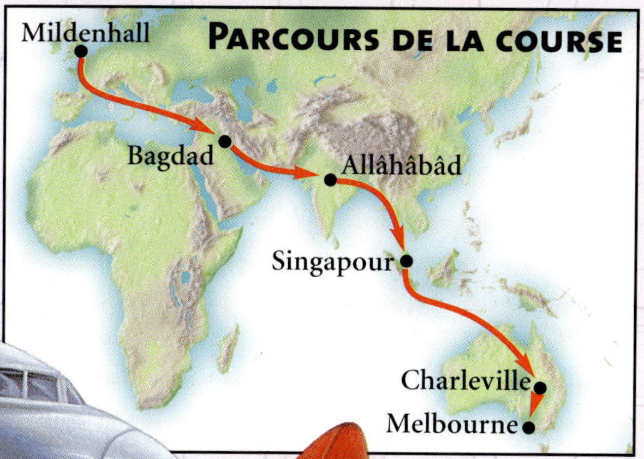

Boeing 247D
Longueur : 15,70 m
Envergure : 22,50 m
Vitesse : 304 km/h

De Havilland DH 88 Comet
Longueur : 8,80 m
Envergure : 13,40 m
Vitesse : 379 km/h

Douglas DC-2

Même s'il ne finit que deuxième, le DC-2 est sans doute le vrai gagnant de la course Londres-Melbourne. Avion commercial, il observe plus d'escales que nécessaire pour promouvoir la compagnie hollandaise KLM et les voyages aériens. Sûr et confortable, il impressionne les autres compagnies aériennes.

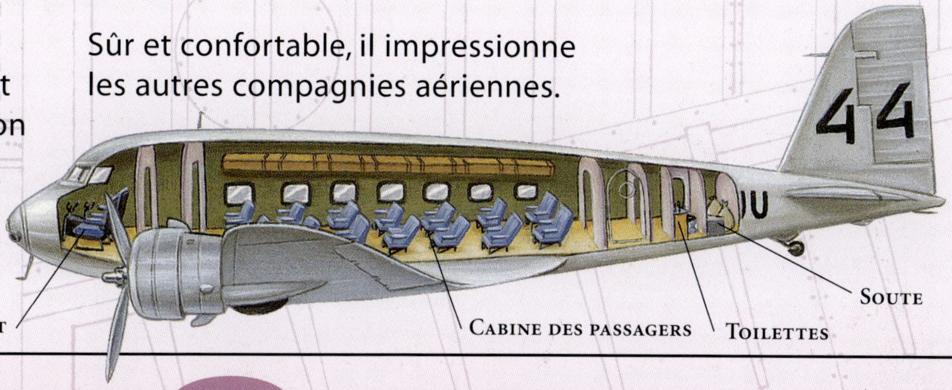

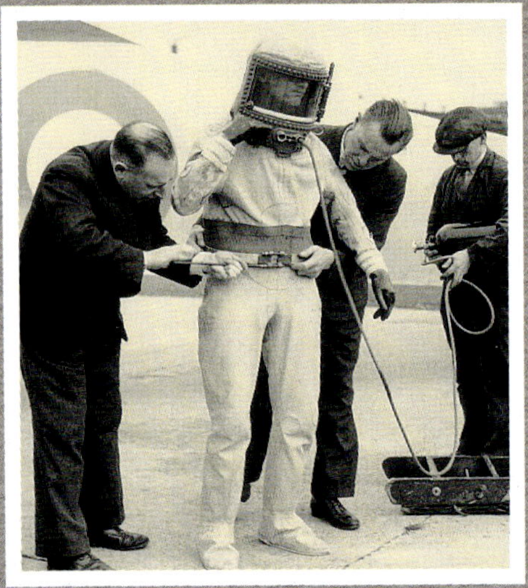

Des combinaisons pressurisées

Les hommes ne survivent pas à la faible pression atmosphérique à très haute altitude. En 1936, un pilote, équipé d'une combinaison pressurisée, atteint 15 223 mètres à bord d'un Bristol 138 A. À la descente, il lui faut casser le verre du casque pour respirer.

Himalaya, nous voilà !

Pour survoler l'Everest à deux reprises, l'équipage porte des masques à oxygène et des vêtements et lunettes chauffés électriquement. Les hommes sont face à un paysage que personne n'a jamais contemplé auparavant. Un photographe immortalise le vol.

L'ALTITUDE

En avril 1933, deux Westland PV. 3 britanniques survolent le mont Everest. Ils n'établissent pas le record d'altitude, mais réalisent le premier vol au-dessus du « toit du monde ».

Voler à très haute altitude est dangereux, comme l'Américain Rudolph W. Schroeder en a fait l'expérience en 1920. À 10 093 mètres d'altitude, privé d'oxygène et intoxiqué par les gaz d'échappement, il se sent défaillir. Comprenant le problème, il coupe le moteur et met l'avion en piqué avant de perdre brièvement connaissance. Après avoir repris conscience, il redresse l'appareil.
Quant au Français Henri Guillaumet, spécialisé dans la traversée de l'Amérique du Sud, il parvient, en 1930, à sortir indemne d'un terrible accident qui l'oblige à un atterrissage forcé à 3 500 mètres d'altitude, au cœur de la cordillère des Andes.

JOHN MACREADY
Au début des années 1920, ce pionnier américain a atteint 10 000 mètres à bord d'un biplan au cockpit ouvert. Un vol rafraîchissant !

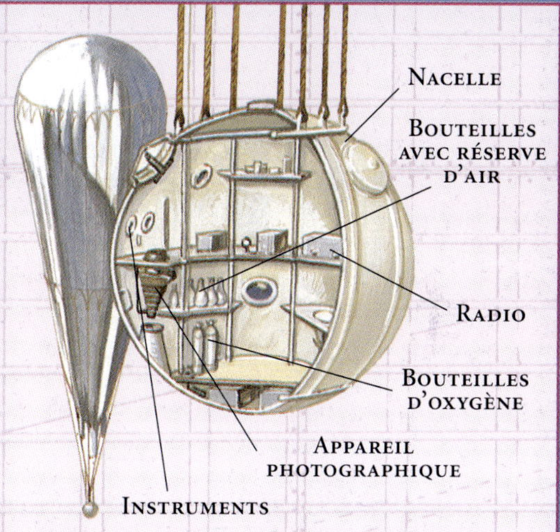

BALLON DE HAUTE ALTITUDE
Au début des années 1930, les frères Auguste et Jean Picard poussent des ballons jusqu'à 15 000 mètres d'altitude et plus, au-delà des limites atteintes par les avions.
Leurs recherches contribuent au développement des cabines pressurisées et des réserves d'oxygène pour toutes sortes d'appareils.

La coupe Schneider
De petits hydravions disputent le trophée Schneider, remporté en 1936 par le Supermarine S 6B.

La vitesse

Le record de vitesse passe de 275 km/h en 1920 à 755 km/h en avril 1939. Les avions qui pulvérisent les records sont conçus pour remporter les coupes les plus prestigieuses.

Les modèles engagés dans la coupe Schneider sont plus rapides que les appareils militaires de leur époque. En 1925, Jimmy Doolittle gagne le trophée Thomson des National Air Races aux États-Unis. Le Gee Bee R-1 de Doolittle est un avion très dangereux à piloter, ce que n'ignore pas la presse. Les photographes et les journalistes suivent de près son épouse et son fils

Howard Hughes Racer H-1
Longueur : 8,20 m
Envergure : 7,60 m
Vitesse : 555 km/h

Jimmy Doolittle
Pilote exceptionnel, James Harold Doolittle est le premier, en 1922, à traverser les États-Unis en moins de 24 heures. En 1925, il gagne le trophée Schneider avec son petit hydravion. Il dirigera le premier raid aérien sur Tokyo après l'attaque de Pearl Harbor.

Macchi MC72
Longueur : 8,30 m
Envergure : 9,50 m
Vitesse : 709 km/h

qui assistent à la course afin d'observer leurs réactions si l'avion s'écrase. Heureusement, aucun drame ne survient. Mais Doolittle abandonne la course aérienne en 1932, son expérience du Gee Bee, surnommé « le piège mortel », l'ayant convaincu que ce genre de compétition coûtait trop cher en vies humaines et en matériel.

Gee Bee type Racer R-1
Longueur : 5,40 m
Envergure : 7,60 m
Vitesse : 472 km/h

Supermarine S 6B
Longueur : 8,80 m
Envergure : 9,10 m
Vitesse : 610 km/h

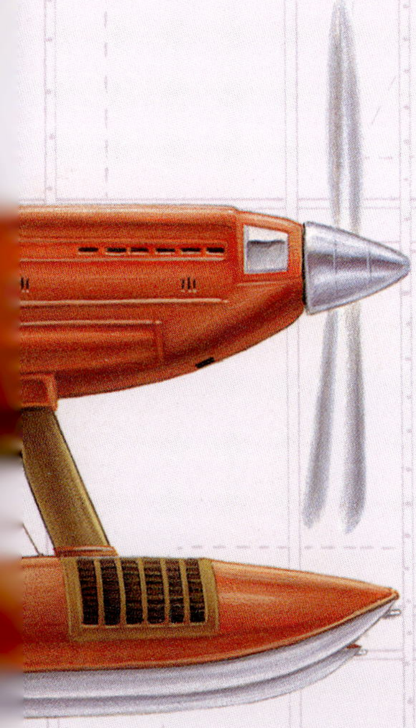

Le moteur Rolls-Royce R-1

En mettant au point des avions rapides, les fabricants acquièrent une expérience qui profite aux appareils civils et militaires. Le moteur Rolls-Royce R-1 du Supermarine S 6B produit 2 350 CV, mais s'épuise au bout de quelques heures. Il inspire le Merlin, célèbre moteur des Spitfire et Hurricane de la Bataille d'Angleterre.

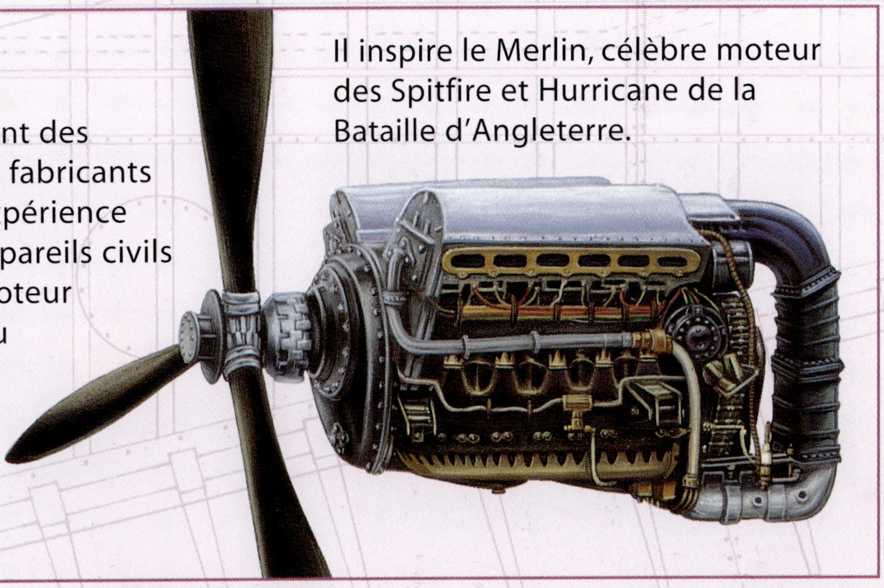

La gloire des aviatrices

À ses débuts, l'aviation est exclusivement masculine. Entre les deux guerres, de plus en plus de femmes volent. Certaines deviennent célèbres en couvrant de longues distances.

Secrétaire à Londres, Amy Johnson économise son salaire pour payer ses cours de pilotage. Elle est la première Britannique à obtenir une licence de mécanicien. En 1930, elle est la première femme à voler, seule, entre l'Angleterre et l'Australie. Elle devient aussitôt illustre. Amy bat d'autres records. Pendant la Seconde Guerre mondiale, elle livre les avions sortant de l'usine aux escadrilles.

Le port de Sydney
Après plusieurs atterrissages en Australie, le Moth d'Amy Johnson s'écrase. Pour célébrer son exploit, on lui fait survoler Sydney à bord d'un Fokker.

Jason
Le Gipsy Moth qu'Amy Johnson pilote pour rallier l'Australie est baptisé *Jason*, nom de l'entreprise de pêche de son père qui finance l'avion pour moitié. Ses parents font modifier le siège afin qu'elle porte un parachute.

La passion des raids

Nombreuses sont les femmes, comme la Néo-Zélandaise Jean Batten (photographiée ci-contre en 1936), à s'illustrer lors de vols sur de très longues distances. En France, les « deux Maryse » multiplient les exploits : raid Paris-Tokyo-Paris pour Maryse Hilsz (1903-1946) en 1934, traversée de l'Atlantique Sud deux ans plus tard pour l'aviatrice Maryse Bastié (1898-1952).

En France, le 10 août 1934, Hélène Boucher se distingue en battant le record de vitesse avec un Caudron CL 450 qui atteint 444 km/h. Trois mois plus tard, l'aviatrice, âgée de 26 ans, s'écrase lors d'un vol d'entraînement à Orly, à bord de son Rafale.

Un avion pour tous

Le De Havilland Gipsy Moth n'est pas l'appareil idéal pour couvrir de longues distances. Si Amy Johnson et Jean Batten l'utilisent, c'est simplement pour des raisons financières. Les clubs d'aviation apprécient beaucoup cet avion.

Amelia Earhart

Parmi les records établis par la grande aviatrice américaine figurent le record d'altitude (5 613 mètres) des autogires et le premier vol, effectué seule, entre Hawaï et l'Amérique. En 1937, elle disparaît au-dessus du Pacifique lors d'un vol autour du monde. Il semble qu'elle n'ait pas trouvé l'île sur laquelle elle avait prévu de ravitailler.

Autour du monde

Les croiseurs de Douglas
Ces avions qui font le tour du monde changent leur train d'atterrissage en cours de route. Les roues alternent avec les flotteurs se posant sur l'eau.

D'innombrables aviateurs rêvent d'accomplir le tour du monde. En 1924, deux des quatre croiseurs Douglas DT-2 qui décollent de Seattle aux États-Unis réalisent ce vœu. Il leur a fallu 176 jours.

En 1929, le dirigeable allemand *Graf Zeppelin* fait le tour de la Terre avec des passagers en 21 jours. Il franchit, sans escale et en 101 heures, la première étape entre Friedrichshafen, au sud de l'Allemagne, et Tokyo, en passant par la Russie. Le zeppelin traverse ensuite le Pacifique et atterrit à Los Angeles et New York. Beaucoup de gens pensent que le zeppelin est le transport aérien du futur. Mais les accidents de dirigeables les contredisent. À la fin des années 1930, l'intérêt du public pour les vols longue distance diminue. Les avions de ligne commencent à ouvrir des liaisons régulières.

Voyager
En 1986, les Américains Jeana Yeager et Dick Rutan bouclent le tour du monde sans escale et sans ravitailler en 9 jours, 3 minutes et 44 secondes. Ils volent avec le *Voyager* conçu par le frère de Dick pour un vol baptisé « le dernier grand événement de l'aviation à moteur ». Sur 4 590 litres de carburant, il n'en reste que 140 à l'arrivée.

Au-dessus de New York

Dans l'immense *Graf Zeppelin*, les passagers jouissent de confortables salons et de cabines privées pour dormir. Le dirigeable vole à basse altitude et leur permet d'admirer les tours de Manhattan.

Ravitaillement en vol

À la fin des années 1930, Alan Cobham expérimente le ravitaillement en vol pour accroître le rayon d'action des avions de ligne. Mais seuls les militaires jugent la technique vraiment utile. Aujourd'hui, ils l'utilisent couramment lors des vastes opérations aériennes.

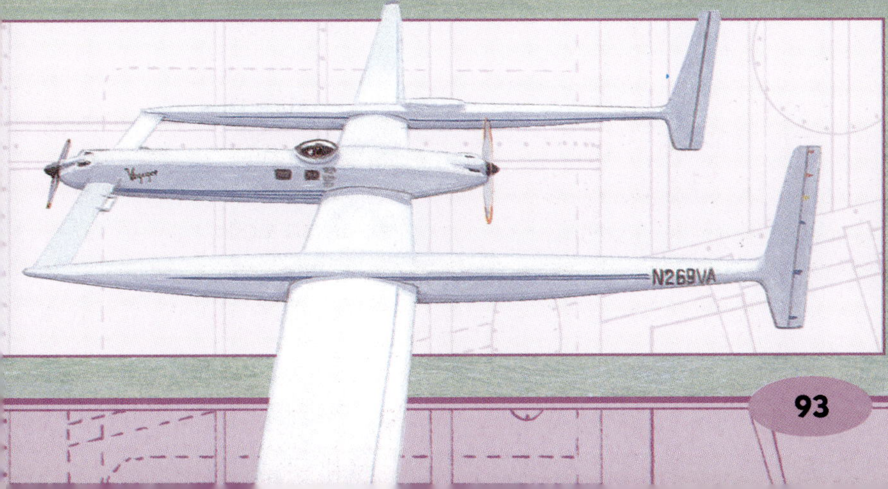

Le guide des passionnés

Pour leurs vols héroïques, les aviateurs et aviatrices choisissent des appareils très différents. Le Fokker VII et le Ford trimoteur figurent parmi les meilleurs avions de ce temps. D'autres, qui conviennent moins bien aux grandes distances, séduisent les pilotes par leur prix. La fiabilité des moteurs, qui ne cesse de s'accroître, encourage les pilotes à établir d'étonnants records de distance.

Vickers Vimy d'Alcock et Brown
Longueur : 12,50 m
Envergure : 20,80 m
Vitesse : 166 km/h

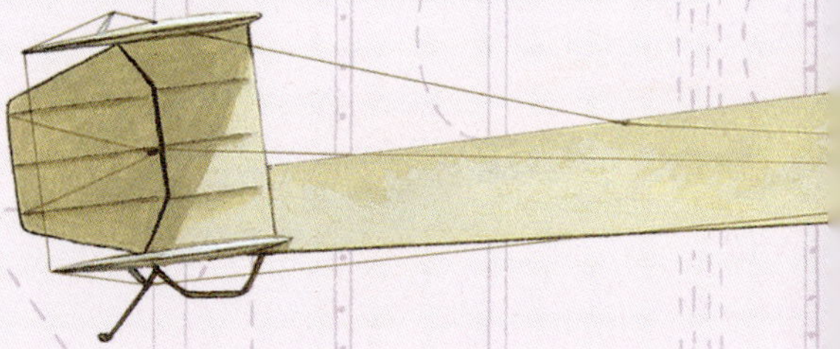

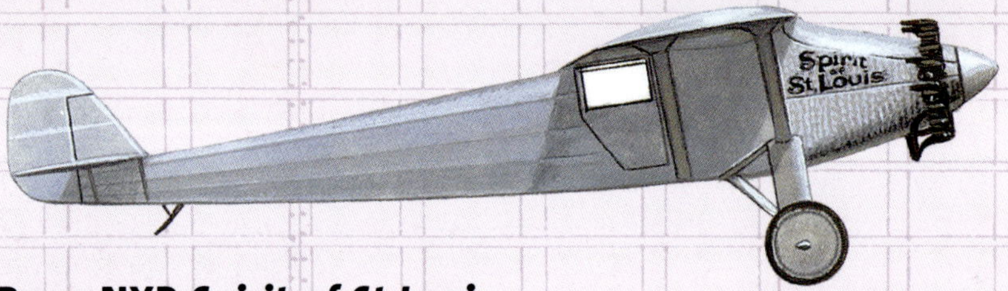

Ryan NYP *Spirit of St Louis*
Longueur : 8,40 m
Envergure : 14 m
Vitesse : 200 km/h

De Havilland DH 60 Gipsy Moth *Jason*
Longueur : 7,20 m
Envergure : 9,10 m
Vitesse : 153 km/h

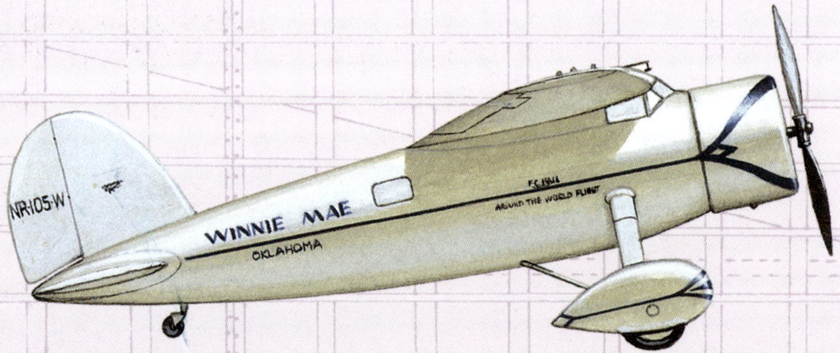

Lockeed Vega *Winnie Mae*
Longueur : 8,40 m
Envergure : 12,50 m
Vitesse : 274 km/h

Fokker FVII *Croix du Sud*
Longueur : 14,60 m
Envergure : 19,30 m
Vitesse : 190 km/h

Breguet BRE.XIV A.2
Longueur : 8,90 m
Envergure : 14,40 m
Vitesse : 184 km/h

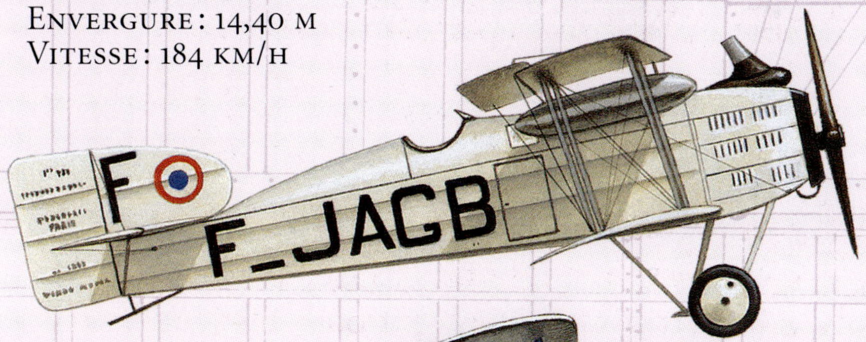

Westland Wallace
Longueur : 10,40 m
Envergure : 14,10 m
Vitesse : 253 km/h

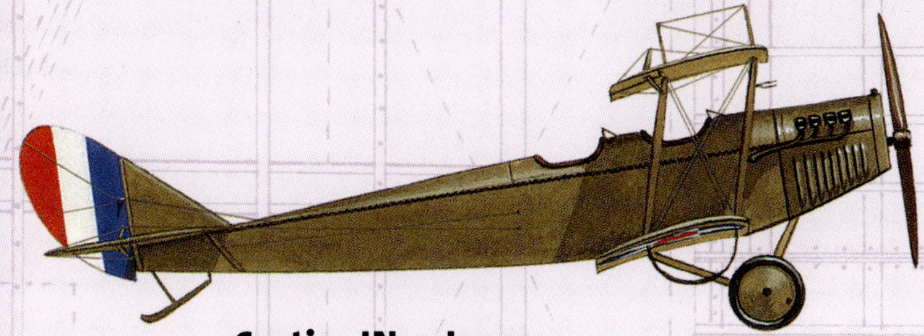

Curtiss JN-4 Jenny
Longueur : 8,30 m
Envergure : 13,30 m
Vitesse : 121 km/h

Ford 4-AT trimoteur
(Expédition de Byrd dans l'Antarctique)
Longueur : 15,20 m
Envergure : 22,60 m
Vitesse : 207 km/h

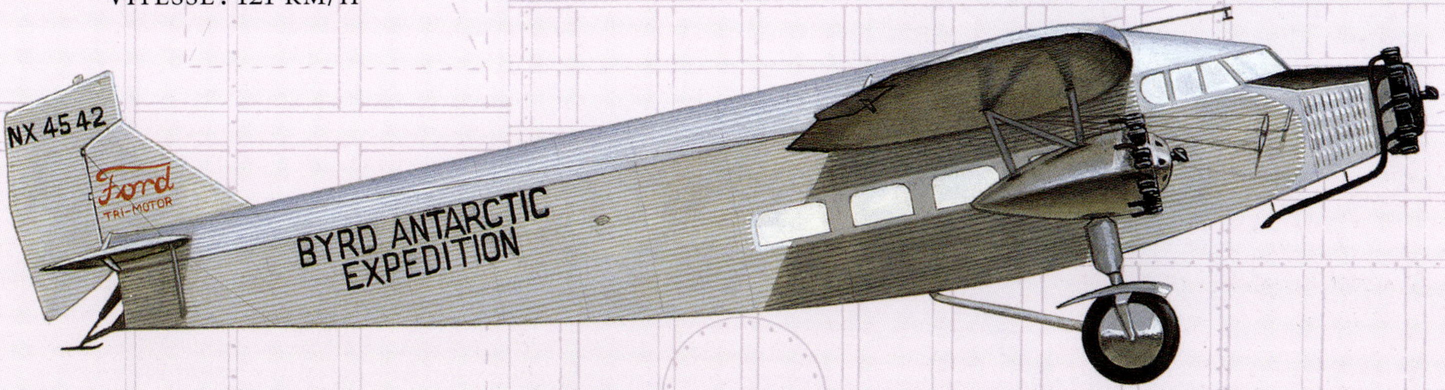

Dirigeable *Hindenburg*
Longueur : 245 m
Diamètre : 41 m
Vitesse : 131 km/h

4

LA SECONDE GUERRE MONDIALE

SOMMAIRE

LE MASSACRE DE GUERNICA
Pour expérimenter avions et armes, l'Italie fasciste et l'Allemagne nazie soutiennent les nationalistes durant la guerre d'Espagne (1936-1939). Le bombardement de Guernica (1937) par les Allemands est un avant-goût des horreurs à venir.

INTRODUCTION

La Seconde Guerre mondiale est le conflit le plus important de l'histoire de l'humanité. Les avions participent à toutes les grandes batailles. Fer de lance de l'offensive allemande pendant les premières années de guerre, ils soutiennent les blindés. Les aviations américaine et russe jouent ensuite un rôle essentiel dans la défaite de l'Allemagne. Dans le Pacifique, c'est aussi la supériorité aérienne qui scelle la victoire des Alliés.

LA PROPAGANDE
Cette affiche commémorative de la bataille d'Angleterre félicite les pilotes britanniques.

STUKA !
Un Stuka, bombardier allemand d'attaque en piqué, frappe ici les troupes anglaises évacuant Dunkerque en 1940.

La bataille d'Angleterre

À l'été 1940, l'Allemagne nazie occupe la Pologne, la France et d'autres pays d'Europe. Puis elle menace d'envahir la Grande-Bretagne qui poursuit seule le combat.

Reginald J. Mitchell
Cet ingénieur est persuadé que son pays aura bientôt besoin de chasseurs. Il conçoit le Spitfire qu'il voit voler avant sa mort en 1937.

Pour exécuter leur plan d'invasion, les Allemands doivent préalablement s'assurer la maîtrise de l'air en éliminant l'aviation britannique, la Royal Air Force (RAF). Ensuite, ils espèrent anéantir la défense antiaérienne et la Royal Navy qui contrôle la mer. S'engage alors de juillet à septembre 1940 une terrible lutte aérienne, connue sous le nom de bataille d'Angleterre.
Les Allemands s'attaquent aux bases britanniques et aux avions en vol. Puis ils entreprennent de bombarder Londres, ce qui est une stratégie peu habile car elle les détourne de leur objectif premier : détruire la RAF. Les pertes allemandes sont très élevées. Finalement, Hitler renonce à l'invasion de l'Angleterre. Il a subi son premier échec.

Au bon endroit, au bon moment
Lors de la bataille d'Angleterre, les Spitfire et les Hurricane anglais sont moins nombreux que les appareils allemands. Mais, grâce au radar, ils se trouvent où il faut quand il faut. Les stations radar envoient les informations à un centre d'opérations (à droite) qui suit les escadrilles ennemies et envoie les chasseurs anglais les attaquer.

CHASSEURS
Les Spitfire et les Messerschmitt Me109 allemands s'affrontent au-dessus du sud de l'Angleterre.

L'ÉPOPÉE DU SPITFIRE

Le Spitfire, qui vole pour la première fois en 1936, est entièrement en métal. Il possède un train d'atterrissage escamotable et huit mitrailleuses. Il se démarque des chasseurs biplans à deux canons aux ailes revêtues de toile que possède alors encore la RAF. Rapide, facile à piloter, c'est un rêve pour les aviateurs. 21 500 Spitfire verront le jour jusqu'en 1949. Ils sont déclinés en vingt versions différentes dont la version embarquée du Seafire.

La guerre dans le désert

En Libye et en Égypte, les troupes allemandes et italiennes tentent de repousser l'armée anglaise. La guerre se déroule dans des espaces ouverts et très étendus où l'on transporte tout, des hommes à l'armement. L'aviation a pour mission de couper les lignes de communication de l'ennemi.

Hans-Joachim Marseille (1919-1942)
À l'âge de vingt-deux ans, cet Allemand, né à Berlin, est un as de l'aviation. Redoutable adversaire, il abat dix-sept avions britanniques dans la seule journée du 1er septembre 1942.

La guerre fait rage en Afrique du Nord de fin 1940 à mai 1943, date de la reddition de l'Afrikakorps en Tunisie. Commandés par Erwin Rommel, le « Renard du désert », les Allemands se battent bien. Mais ils sont submergés par les forces alliées, supérieures numériquement, qui leur infligent une défaite décisive à la bataille d'El-Alamein (23 octobre-4 novembre 1942). L'aviation, qui pilonne les bateaux venant d'Italie et les camions dans le désert, contribue largement à la défaite des Allemands en empêchant

Le ravitaillement
Les Allemands tentent en vain de soutenir l'Afrikakorps en envoyant du carburant et des munitions avec des Junkers Ju52 et des Messerschmitt Me323. La perte de ces avions est d'autant plus durement ressentie qu'elle entraîne la mort de pilotes qui sont des instructeurs transférés à la hâte des écoles de pilotage. Leur disparition complique la formation des pilotes.

Le Hurricane du désert
Performant lors de la bataille d'Angleterre, le Hawker Hurricane est pourtant rapidement dépassé. Dans le désert, il se reconvertit en avion d'attaque au sol. Son moteur est protégé du sable par des filtres. Il décime les véhicules et les chars allemands. Lorsqu'il fait feu, l'avion a tendance à piquer, particularité dont les pilotes se méfient à basse altitude.

leur ravitaillement. Hitler commet l'erreur d'engager la Luftwaffe (sa force aérienne) en Tunisie. Dans les six derniers mois de la guerre du désert, il perd 2 400 avions. Le 8 novembre 1942, les forces alliées débarquent sur les plages algériennes et marocaines. L'opération *Torch* est le premier acte d'une longue reconquête.

P-40 Shark Mouth
Dans le désert, la RAF utilise des chasseurs Curtiss P-40 américains. Sur l'aile, l'homme guide le pilote qui y voit mal au sol derrière le gros moteur.

Sur le front de l'Est
Durant l'hiver 1943, lors de la bataille de Stalingrad, Lilya Litvyak accomplit des missions de combat, généralement à bord d'un Yakovlev Yak-1. Elle est blessée trois fois.

Polikarpov I-153
Le 588e régiment féminin de bombardement de nuit pilote le Po-2 à deux sièges. Ces petits biplans, davantage destinés à l'entraînement qu'au bombardement, sont très efficaces pour harceler l'ennemi

LES FEMMES AU COMBAT

Pour arrêter l'offensive allemande lancée en 1941, l'Union Soviétique mène une lutte désespérée. Toute la nation se mobilise pour fabriquer des armes et se battre. Le pays, qui a perdu des millions de soldats, tués ou capturés, est la seule puissance combattante à enrôler des femmes.

LILYA LITVYAK
La « Rose blanche de Stalingrad » détient le record des femmes pilotes de guerre en Russie. Elle effectue 168 missions et abat douze avions allemands. En 1943, à l'âge de vingt et un ans, elle est tuée dans un combat contre des chasseurs de la Luftwaffe.

Les aviatrices, qui sont moins de mille, doivent s'imposer face à des soldats persuadés que les femmes sont incapables d'affronter la peur et de maîtriser les techniques du combat. Intégrées à des unités mixtes ou à des équipes composées, en l'air et au sol, uniquement de femmes, elles prouvent le contraire entre l'impitoyable bataille de Stalingrad (1943) et le chaos qui précède la chute de Berlin (1945). Les femmes russes pilotent des bombardiers, des chasseurs et des avions de reconnaissance. Elles effectuent des milliers de sorties pour attaquer les positions, les camps et les dépôts allemands. En guise de record, deux femmes à bord d'un bombardier accomplissent dix-huit raids en une seule nuit !

DES AUXILIAIRES
Du côté des Alliés, les femmes exercent des fonctions non combattantes. En 1943, en Grande-Bretagne, elles sont 180 000 à travailler au contrôle du trafic aérien, à la programmation des opérations, aux services de renseignements et à la météorologie, et sur les bases aériennes. Des femmes pilotes viennent chercher les avions à la sortie des usines d'assemblage et les livrent aux bases aériennes.

derrière ses lignes. Après une longue journée de combat, les soldats allemands ont grand besoin de repos. Les Po-2 les en prive. Les Allemands surnomment les femmes pilotes les « Sorcières de la nuit ».

La Guerre du Pacifique

Zero
Au début de la guerre du Pacifique, le chasseur japonais Zero, doté d'un vaste rayon d'action, prend les puissances occidentales par surprise.

Les Japonais, qui s'efforcent de créer un empire en Extrême-Orient, livrent de nombreuses batailles contre les Américains. Avec leurs armes lourdes, les cuirassés sont une proie facile pour les bombardiers légers décollant des porte-avions qui font désormais la loi sur les mers.

L'attaque surprise de Pearl Harbor, base navale des États-Unis aux îles Hawaï, n'est pas une réussite complète pour les Japonais en dépit de son retentissement. Les porte-avions américains, qui sont en mer, échappent à la destruction. En six mois, ils retournent la situation dans le Pacifique.

En mai 1942, les Américains remportent la bataille de la mer de Corail, premier affrontement où ne combattent que des appareils décollant des porte-avions. Le mois suivant, grâce aux porte-avions, ils écrasent les Japonais à la bataille de Midway, tournant de la guerre du Pacifique qui marque la fin de l'expansion nipponne.

Un « jour d'infamie »
C'est ainsi que le président Roosevelt qualifie le 7 décembre 1941, jour de l'attaque de Pearl Harbor par des avions japonais. Ce raid qui fait 2 403 victimes et détruit 18 navires provoque l'entrée en guerre des États-Unis.

Les Dauntless
En quelques minutes, les bombardiers américains Douglas SBD Dauntless, qui incendient les porte-avions japonais chargés de bombes explosives, décident du sort de la bataille de Midway.

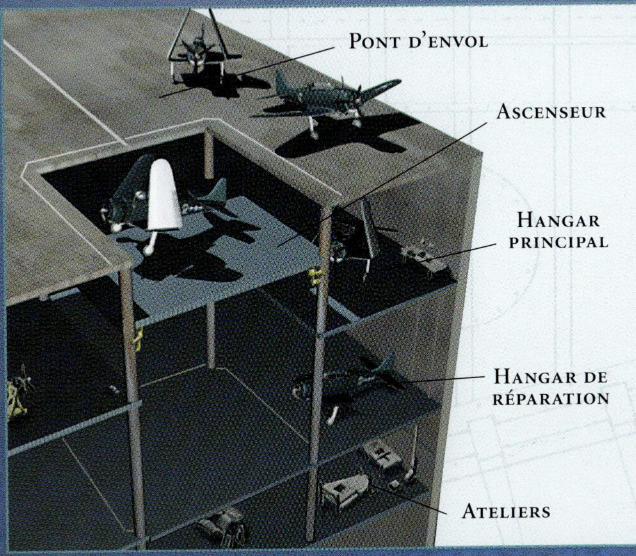

Les porte-avions
Sous le pont d'envol de ces aérodromes flottants se trouvent les hangars pour les avions et les réparations, les dortoirs et les magasins de carburant et d'armes. À partir des porte-avions, les avions ont un rayon d'action bien plus vaste que celui de n'importe quel navire. Ces bâtiments, vulnérables, sont protégés par leurs chasseurs et des bateaux.

La reconnaissance

Un œil dans le ciel
Cet appareil photographique est fixé au fuselage d'un Spitfire. Ces avions de reconnaissance, rapides et non armés, s'enfoncent en territoire ennemi pour photographier des cibles.

Les avions d'observation de l'artillerie – les plus petits et sans doute les plus redoutés, à partir du sol, de la Seconde Guerre mondiale – localisent les cibles et dirigent le tir. À bord d'un Piper Cub ou d'un Auster non armé, le pilote peut déclencher par radio soixante-dix canons.

La seule présence des avions de reconnaissance de l'artillerie réduit au silence l'ennemi qui craint d'être repéré. Près du front, ces petits appareils servent aussi à transporter personnalités et blessés, à ravitailler les unités ou à permettre aux officiers d'observer le terrain d'un futur combat.

Fieseler FI 56 Storch
Cet avion d'observation allemand aux multiples fonctions décolle et atterrit sur de très courtes distances.
Longueur : 9,90 m
Envergure : 14,30 m
Vitesse : 175 km/h

Une structure légère
Le fuselage du Piper et de l'Auster, qui est constitué d'un assemblage de tubes d'acier revêtus de toile, n'offre pas de protection contre les tirs d'artillerie. Les fines plaques de métal des chasseurs et des bombardiers ne sont guère plus efficaces. En revanche, les tubes d'acier résistent bien lorsque les avions s'écrasent au sol.

Les avions de reconnaissance décollent de champs proches de la ligne de front. Les pilotes et les équipes au sol dorment sous des tentes et avancent avec l'armée.

Piper Cub
Avion américain d'entraînement civil avant la guerre, il fait ses preuves dans la reconnaissance.
Longueur : 6,90 m
Envergure : 10,80 m
Vitesse : 135 km/h

En patrouille

L'équipage travaille à bord d'un immense hydravion qui effectue de longues patrouilles au-dessus de l'océan. Pour entrer en contact avec les convois et les autres navires, les sous-marins allemands remontent à la surface. Les hydravions qui parcourent de vastes zones de l'océan forcent les embarcations ennemies à plonger et les empêchent d'attaquer.

Auster MK IV
L'armée britannique utilise l'Auster pour l'observation. Plus puissant que le Cub, il existe en différentes versions.
Longueur : 7 m
Envergure : 11,10 m
Vitesse : 208 km/h

Les bombardiers de nuit

Dès le début de la guerre, l'unité du Bomber Command (bombardement stratégique) de la Royal Air Force combat l'Allemagne. Des hommes originaires des nations les plus diverses s'engagent ensuite dans la RAF où, comme tous les pilotes de bombardiers, ils sont volontaires.

Arthur Harris (1892-1984)
Surnommé « Bomber Harris », il dirige l'unité du Bomber Command de la RAF à partir de février 1942. Il donne l'ordre de pilonner les zones résidentielles.

En 1941, la RAF ne vise en Allemagne que des cibles industrielles et militaires : raffineries de pétrole et chemins de fer avec un taux de réussite très faible. Pour certains officiers supérieurs, l'Allemagne ne capitulera que si elle est soumise à des bombardements intensifs. Avec l'arrivée de sir Arthur Harris à la direction du Bomber Command, la stratégie est désormais de bombarder massivement les villes allemandes de nuit. Les bombes incendiaires brûlent les logements. Rien n'est épargné, ni vieillards, ni enfants, ni hôpitaux. Ces bombardements terribles ne poussent pas les Allemands à se rendre, mais ils exercent une forte pression sur l'Allemagne d'Hitler.

La guerre électronique
Pour échapper à la défense antiaérienne allemande, les bombardiers britanniques volent la nuit. Aussi repèrent-ils difficilement leurs cibles. Bientôt, les ingénieurs inventent de meilleurs radars et des appareils électroniques qui permettent de détecter les cibles dans l'obscurité. Les progrès technologiques aident aussi les chasseurs allemands comme le Me110 à pourchasser les bombardiers sans visibilité et à leur infliger de lourdes pertes.

Retour à l'aube

Les équipages des bombardiers opérant de nuit n'ont que 25 % de chances de revenir indemnes. Voir l'aube se lever à leur retour est un moment chargé d'émotion. Il signifie qu'ils ont survécu à un nouveau raid.

Andrew Charles Mynarski

Cet aviateur canadien est mitrailleur de bord dans un Lancaster qui est touché dans le ciel de France le 12 juin 1944. Au lieu de sauter, Mynarski se jette dans les flammes pour secourir le mitrailleur arrière, pris au piège dans sa tourelle. Avant de sauter avec ses vêtements et son parachute en feu, il tente sans succès de délivrer son camarade, qui survivra miraculeusement à la chute de l'avion. Mynarski succombe à ses brûlures.

LES FRAPPES DE PRÉCISION

Pour les aviateurs, atteindre des cibles bien définies est un exercice délicat. Souvent, ils bombardent aussi une partie de la ville. Cependant, des escadrilles spécialement entraînées sont capables de toucher de petites cibles avec une précision inouïe. En 1944, un raid allié vise les bâtiments de la Gestapo, la police secrète allemande, dans la ville d'Aarhus au Danemark.

LES BRISEURS DE BARRAGES
En mai 1943, des Lancaster modifiés, pilotés par des équipages formés pour cette mission, détruisent deux barrages sur la Ruhr. Un raid unique en son genre.

Pour empêcher les Allemands de liquider le mouvement de résistance du Danemark, la RAF doit impérativement bombarder les trois immeubles du quartier général de la Gestapo, tout en épargnant les Danois vivant à côté. Le raid a lieu avant le déjeuner, alors que les hommes de la Gestapo sont sur place et que leurs prisonniers ont regagné leurs cellules. Pour être précis et échapper à l'artillerie allemande, les Mosquito volent très vite, au ras des toits. Ils détruisent les édifices visés en causant peu de dégâts alentour.

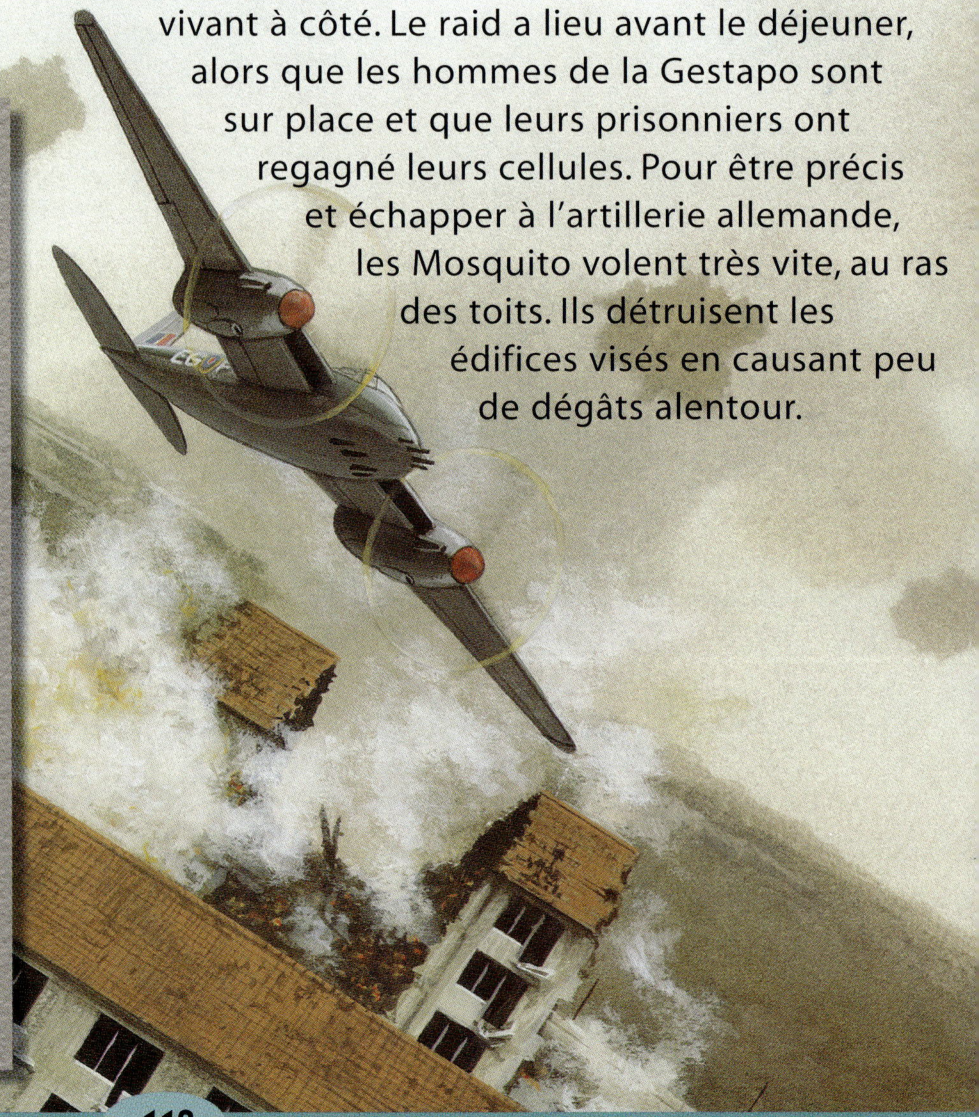

BARNES WALLIS (1887-1979)
Ingénieur de génie, il conçoit des dirigeables et le bombardier Vickers Wellington dans les années 1930. Pendant la guerre, il invente les bombes à ricochets qui plongent dans l'eau, rebondissent et détruisent les barrages allemands. Après la guerre, Wallis travaille sur les avions supersoniques à géométrie variable.

POLYVALENCE

À l'instar du Mosquito anglais, le Junkers Ju88 est à la fois un chasseur, un bombardier et un avion de reconnaissance. Ces deux appareils sont rapides, ont un bon rayon d'action et transportent une grande variété d'armes dont des torpilles et des roquettes pour les raids contre les navires. Pour bombarder de nuit, ils sont équipés de radars.

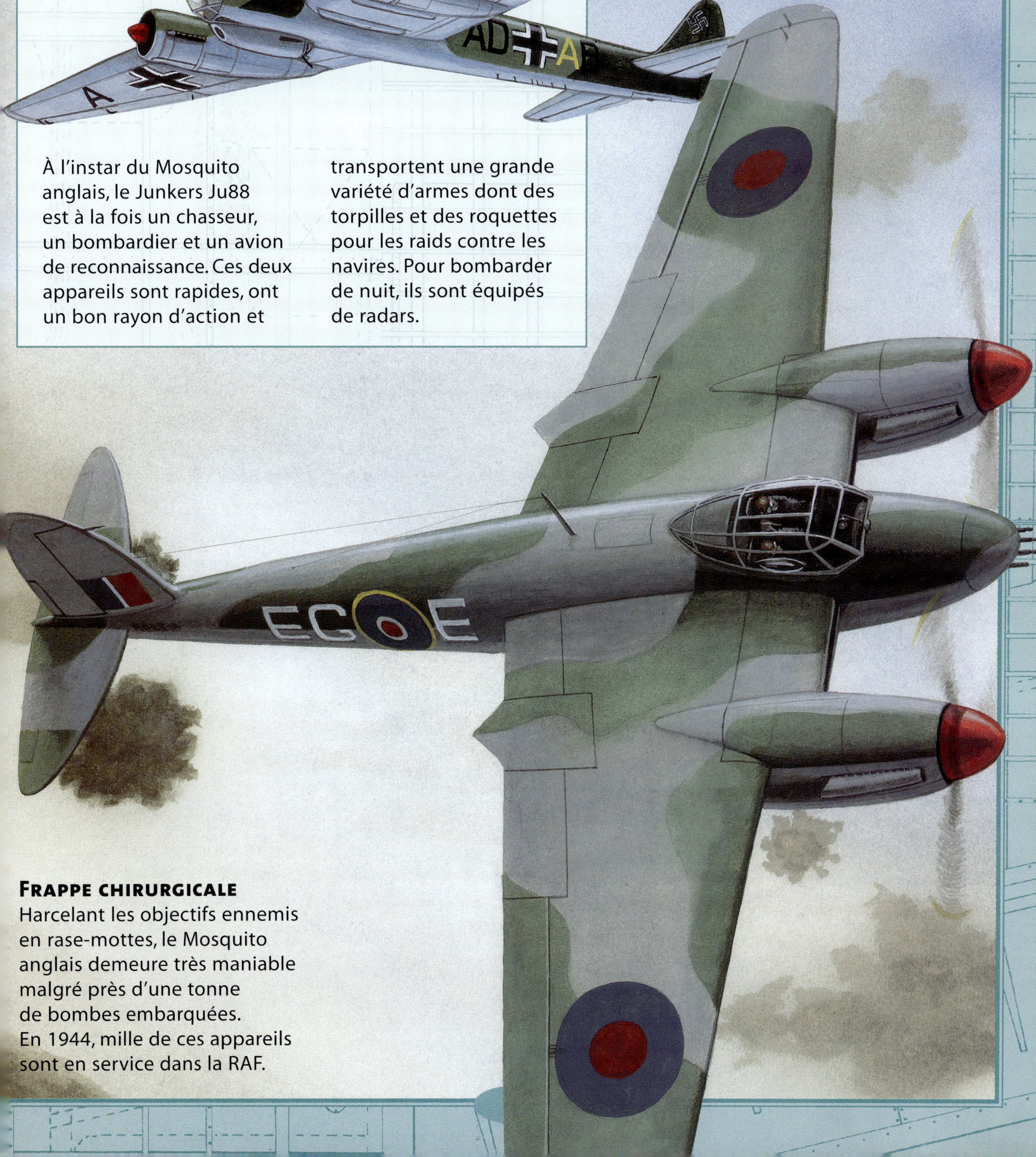

FRAPPE CHIRURGICALE

Harcelant les objectifs ennemis en rase-mottes, le Mosquito anglais demeure très maniable malgré près d'une tonne de bombes embarquées. En 1944, mille de ces appareils sont en service dans la RAF.

LES LARGAGES DES DAKOTA
Avec le Douglas C-47, baptisé Dakota par la RAF, on lance des parachutistes, on remorque des planeurs, on achemine des vivres aux troupes dans les zones de combat et on évacue des blessés. La silhouette de ces avions sera familière aux soldats, des sables d'Afrique à la jungle de Birmanie.

LES AVIONS DE TRANSPORT

Quarante ans après que le *Flyer* (1903) des Wright, premier véritable avion à moteur, a réussi à arracher son propre poids du sol, les appareils de transport acheminent des charges extrêmement lourdes.

Les avions de transport larguent des parachutistes derrière les lignes ennemies, ravitaillent l'avant-garde ou les troupes encerclées et acheminent une partie des blessés du front loin du champ de bataille, vers les hôpitaux. Ces appareils équipent en outre les mouvements de résistance de l'Europe occupée. Ils transportent des agents secrets et livrent des armes, des explosifs et des équipements radio à ces armées clandestines. Les programmes de la BBC, la radio anglaise, précisent par des messages codés la date et le lieu des largages. En dépit des obstacles, la radio et l'avion coordonnent les opérations des mouvements de résistance et les autres efforts de guerre du monde libre.

« TANTE JU »
L'avion de transport le plus utilisé par les Allemands est le Junkers Ju52, surnommé « Tante Ju ». Comme le DC-3 Dakota américain, c'est un modèle de ligne d'avant-guerre transformé en appareil militaire. Les Allemands bâtiront à près de 5 000 exemplaires cet avion simple et solide.

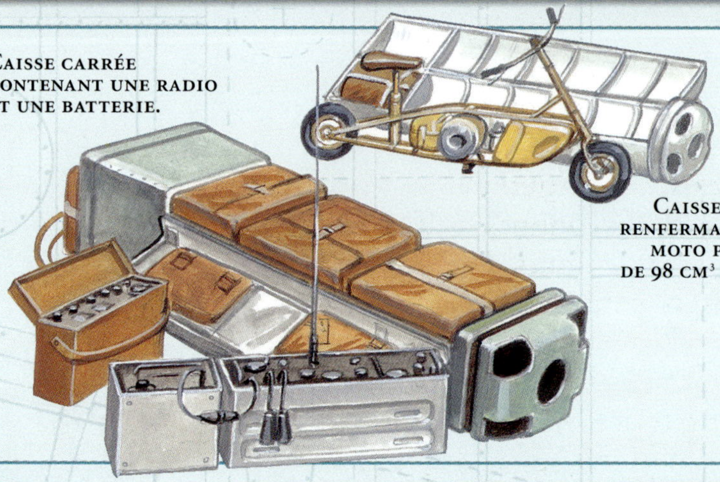

Le Lysander et ses passagers
Une escadrille de la RAF pilote des Lysander, équipés de réservoirs leur assurant un grand rayon d'action. Les Lysander font l'aller-retour entre la base aérienne secrète de Tempsford, au nord de Londres, et la France occupée. Ils se posent de nuit, dans des champs, et procèdent aux échanges des agents.

L'équipement
Le matériel, dont les armes et les explosifs, est empaqueté dans des caisses et largué par les avions pour approvisionner les troupes ou les mouvements de résistance. Parfois, ce sont les bombardiers qui procèdent à ces largages très risqués car ils ont lieu à basse altitude, tout près de l'ennemi.

AU-DESSUS DU REICH

LA DÉFENSE DU REICH
Au fil des mois, il devient difficile pour les Allemands de remplacer les pilotes perdus dans les combats contre les chasseurs américains. En 1944, leurs pilotes de chasseurs disposent en moyenne d'à peine 30 heures d'expérience du combat.

LE PROTOTYPE MUSTANG
Le P-51 Mustang américain est l'heureuse combinaison d'une cellule américaine et du moteur Merlin de Rolls-Royce. Ironie de l'histoire, c'est un immigrant allemand, employé par Messerschmitt dans les années 1930, qui a conçu le Mustang. De tels avions ont vaincu les chasseurs de la Luftwaffe et facilité le bombardement de l'Allemagne.

Les Américains bombardent l'Allemagne à partir de 1943. Ils envoient, en plein jour, de grandes formations de bombardiers équipés de multiples mitraillettes pour se frayer un passage à travers la défense.

Une telle tactique se révèle très coûteuse. Plutôt que de voler de nuit, les Américains construisent alors des chasseurs P-51 Mustang pour protéger les bombardiers. En 1944, le ciel de l'Allemagne est le théâtre des plus grands combats aériens jamais livrés.

Les Fortress anéantissent l'industrie pétrolière du Reich sans que les chasseurs allemands, pourchassés par les Mustang, parviennent à les en empêcher. Leurs raids contribuent largement à la victoire des Alliés.

Boeing B-29 Superfortress
Le plus grand, le plus rapide et le plus moderne bombardier de la Seconde Guerre mondiale, au vaste rayon d'action, n'est en service que dans le Pacifique.

En Europe, les Américains visent des cibles militaires, alors qu'au Japon ils frappent les villes comme les Anglais l'ont fait en Allemagne.

Le vol en formation
Malgré le vol en formation compacte, les B-17 Flying Fortress américains, hérissés de mitraillettes, échappent difficilement aux chasseurs ennemis.

Hawker Typhoon

Après le débarquement, les Hawker Typhoon armés de roquettes détruisent les chars et les camions ennemis. Les Allemands sont aussi isolés que sur une île. Les chasseurs-bombardiers les empêchent d'envoyer des renforts et du ravitaillement en Normandie.

Le Jour J

Le 6 juin 1944, jour J, l'aviation alliée effectue près de quinze mille sorties pour soutenir le débarquement en Normandie. C'est la plus grande opération à la fois aérienne, navale et terrestre jamais lancée.

En France, les avions américains et anglais préparent le débarquement en détruisant ponts et voies de chemin de fer. Dans la nuit précédant le jour J, alors que les sections d'assaut attendent dans des navires, près de la plage, les avions transportent les troupes qui sèmeront la confusion dans les arrières de l'ennemi. Le pilonnage des positions allemandes sur les plages au matin n'est qu'un succès mitigé, car les bombardiers larguent les bombes trop loin par crainte de frapper leurs propres navires. Dans la journée, des milliers de chasseurs alliés patrouillent dans le ciel afin de retenir les avions allemands loin des plages.

Sur les plages

L'infanterie alliée, qui gagne le rivage à pied, commence le combat pour la libération de l'Europe. Elle est transportée par la marine et soutenue par l'aviation.

Les parachutistes

Un parachutiste modèle porte des armes, fusil, revolver et couteau, cent soixante cartouches, quatre grenades, une mine antichar, des rations pour trois jours, des cigarettes, une trousse de premier secours et des pièces de mortier, de mitraillette ou de radio. Le parachute et l'équipement pèsent quelque 80 kg, soit autant que le soldat lui-même !

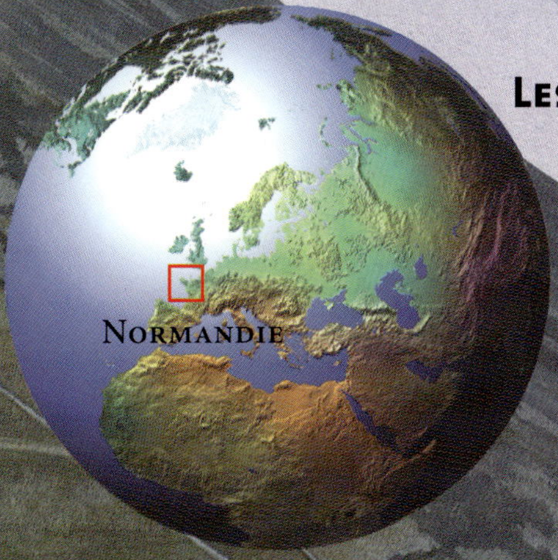

Les planeurs

Les troupes aéroportées alliées sont parachutées ou volent dans des planeurs d'assaut. Les planeurs transportent des renforts à la fin du jour J.

Les premiers jets

Quel que soit leur camp, les généraux de l'aviation n'ont pas compris immédiatement l'utilité du moteur à réaction inventé avant le conflit. Les premiers jets participeront cependant au combat. Pendant la guerre, l'Allemagne en a produit plus que n'importe quelle autre nation.

Frank Whittle
Cet officier de la RAF (1907-1996) met au point le moteur à réaction dans les années 1930. Mais son invention ne soulève pas tout de suite l'enthousiasme.

Messerschmitt Me262
Pays : Allemagne
Type : chasseur-bombardier
Longueur : 10,60 m
Envergure : 12,50 m
Vitesse : 860 km/h
Premier vol : juillet 1942

La turbine de Whittle
Frank Whittle fait tourner son premier moteur en 1937. En 1941, l'un des deux moteurs Whittle existant est expédié aux États-Unis par bateau, à la compagnie General Electric qui l'améliore avant de le produire en série.

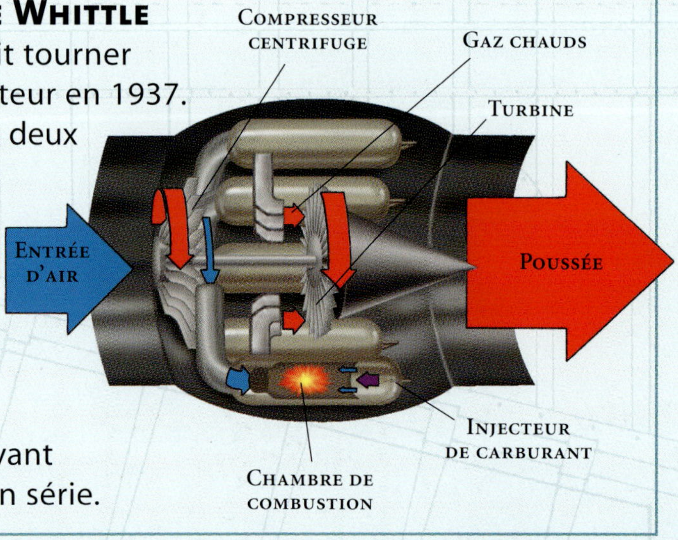

L'Allemagne réalise qu'elle ne peut fabriquer plus d'avions que la Russie, les États-Unis et l'Angleterre réunis. Pour gagner la maîtrise de l'air, elle s'efforce de construire des appareils plus performants, de préférence à réaction. Les meilleurs modèles à réaction allemands sont plus rapides et plus lourdement armés que n'importe lequel des avions des Alliés.

Le Messerschmitt Me262 est sans doute le chasseur le plus redoutable de la guerre. Mais la lenteur du développement des moteurs à réaction retarde sa production. Lorsque les usines fonctionnent enfin à plein régime, les bombardements alliés ont détruit les raffineries produisant le carburant.

Heinkel He178
Pays : Allemagne
Type : avion expérimental
Longueur : 7,50 m
Envergure : 7,20 m
Vitesse : 600 km/h
Premier vol : août 1939

Gloster E 28/39
Pays : Grande-Bretagne
Type : avion expérimental
Longueur : 7,70 m
Envergure : 8,80 m
Vitesse : 870 km/h
Premier vol : mai 1941

Gloster G-41 Meteor
Pays : Grande-Bretagne
Type : chasseur
Longueur : 12,60 m
Envergure : 14 m
Vitesse : 660 km/h
Premier vol : mars 1943

Les innovations

L'Allemagne, qui a besoin d'avions nouveaux, étudie toutes sortes de projets. Le Junkers Ju287 (ci-dessous) est un bombardier quadrimoteur aux ailes en flèche, inauguré en 1944, qui ne sera pas produit en série. Après guerre, les ingénieurs de l'aviation alliée s'intéresseront aux recherches allemandes sur les avions à réaction et les ailes en flèche.

Les derniers combats
Un Me163 abat un bombardier anglais en avril 1945 avec une arme qui lance automatiquement des roquettes à partir des ailes lorsqu'un bombardier le survole. Cette arme redoutable ne change pourtant pas l'issue de la guerre.

La puissance des fusées

Les recherches des ingénieurs allemands sur les fusées aboutissent à la mise au point des V2, les premiers engins balistiques militaires, et à celle du Messerschmitt Me163, l'avion de combat le plus rapide de la guerre.

Goddard
L'inventeur américain Robert H. Goddard, qui lance la première fusée à carburant liquide en 1926, inspire les travaux de Wernher von Braun.

Wernher von Braun (1912-1977)
Le jeune Allemand von Braun (à droite) rêve de construire des fusées. Il met au point les V2. En 1945, il se rend aux Américains, puis il part aux États-Unis. Ingénieur auprès de la NASA, il contribuera à envoyer des satellites dans l'espace et des astronautes sur la Lune.

Le V2, qui vole à près de 6 000 km/h, manque de précision dans la frappe des cibles. Entre septembre et mars 1945, sur les 1 054 V2 qui atteignent l'Angleterre, 517 tombent sur Londres et sa proche banlieue. Le V2 est une arme terrifiante semant la mort aveuglément parmi les populations civiles. Mais pas plus que le petit chasseur Me163 « Komet » propulsé par un moteur-fusée, il ne retarde la victoire alliée. Cet avion, qui monte et vole plus vite que n'importe quel appareil, brûle son carburant en quelques minutes. Difficile à manœuvrer, le Me163 est souvent victime d'accidents. Il explose même parfois à l'atterrissage lorsque son pilote a conservé trop de combustible dans ses réservoirs.

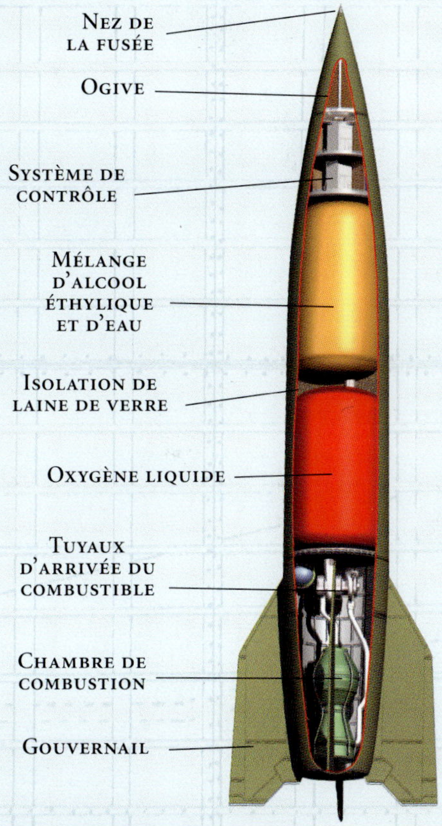

Fusée V2
Le moteur du V2 brûle son combustible en 65 secondes. La fusée monte à une altitude maximum de 100 kilomètres d'où elle pique vers sa cible. On ne l'entend pas approcher avant l'explosion. Il est impossible de l'abattre.

Le guide des passionnés

Les chasseurs de la Seconde Guerre mondiale sont de petits avions, rapides et faciles à maîtriser. Lourdement chargés, peu véloces, les bombardiers assurent leur défense par des mitrailleuses montées à bord. À la fin du conflit, le Mosquito anglais parvient à combiner vitesse et forte capacité destructrice.

Avro Lancaster 683
Pays : Grande-Bretagne
Type : bombardier lourd
Longueur : 21,10 m
Envergure : 31,10 m
Vitesse : 460 km/h

Yakovlev Yak-1
Pays : Union Soviétique
Type : chasseur
Longueur : 8,50 m
Envergure : 10 m
Vitesse : 600 km/h

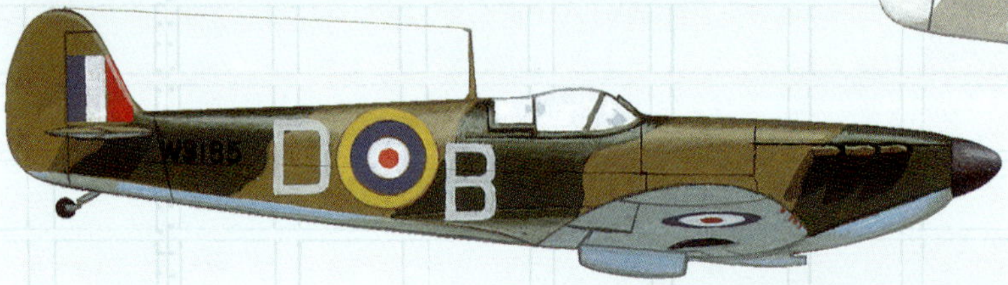

Supermarine Spitfire
Pays : Grande-Bretagne
Type : chasseur
Longueur : 9,50 m
Envergure : 11,20 m
Vitesse : 650 km/h

Curtiss Hawk P-40
Pays : États-Unis
Type : chasseur à siège unique
Longueur : 9,50 m
Envergure : 11,50 m
Vitesse : 580 km/h

Messerschmitt Bf 109
Pays : Allemagne
Type : chasseur
Longueur : 8,60 m
Envergure : 9,90 m
Vitesse : 560 km/h

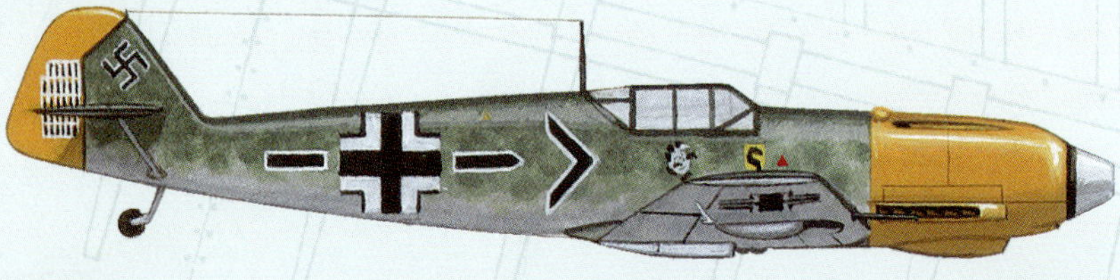

INTRODUCTION

De 1945 et la fin de la Seconde Guerre mondiale jusqu'au début des années 1990, la politique mondiale est dominée par la guerre froide. Les États-Unis et l'Union soviétique n'ont aucune confiance réciproque et supposent que, tôt ou tard, l'un attaquera l'autre. De nombreux pays prennent parti, bon gré mal gré, pour l'une de ces deux superpuissances. Avions et missiles deviennent les armes les plus dangereuses de la guerre froide. Chaque camp construit sans cesse de nouveaux avions pour être sûr de son avance dans cette course aux armements. Tant redoutée, la Troisième Guerre mondiale n'éclatera pas. Mais des conflits de moindre envergure surviendront dans différents pays.

VOL EN FORMATION
Les jets modernes tels que le F-18 Hornet sont des avions polyvalents pouvant évoluer comme bombardiers, chasseurs ou appareils de reconnaissance. Les équipes de vol en formation *Blue angels* (les Anges bleus) de la marine américaine les pilotent aussi au cours de meetings aériens.

La guerre de Corée

En 1950, la Corée du Nord, communiste, attaque sa voisine du Sud. Le conflit dégénère rapidement en affrontement entre États communistes et démocraties. Les Coréens sont victimes de cette guerre, leur pays devenant un champ de bataille où soldats et avions de multiples horizons viennent en découdre.

La plupart des appareils évoluant au-dessus de la Corée sont des avions à moteurs à piston de la Seconde Guerre mondiale. On utilise à nouveau les bombardiers B-29 Superfortress qui avaient combattu le Japon. Des Mustang P-51 attaquent à la roquette, aux bombes et au napalm des cibles au sol.

Grumman F9F Panther
Le Panther est l'avion le plus courant de la marine américaine quand la guerre de Corée éclate. Ce sera le premier jet de l'aéronavale à abattre un avion ennemi.

De leur côté, les communistes utilisent de vieux biplans PO-2, que les Allemands pilotaient déjà pendant leurs raids de nuit. Le conflit de Corée est aussi la première guerre où des jets s'affrontent en combat. Les modèles des débuts, comme le F-86 américain et le MiG-15 russe, ne sont guère différents des chasseurs de la guerre mondiale, sauf qu'ils disposent de moteurs à réaction et d'ailes en flèche. Non supersoniques, ils sont dépourvus de radar et de missiles.

Jet contre jet

En Corée, le F-86 Sabre l'emporte sur le MiG-15, en partie grâce à l'expérience des pilotes américains. Ces premiers jets utilisent des canons pour abattre leurs ennemis, mais, à grande vitesse, le maniement de telles armes s'avère fort délicat.

Les hélicoptères en guerre

La guerre de Corée inaugure l'usage massif d'hélicoptères. Ils prouvent toute leur utilité. Des milliers de soldats blessés seront sauvés par les hélicoptères qui les emportent rapidement et directement du champ de bataille vers les hôpitaux.

INFLUENCES

Les premiers jets de combat doivent beaucoup aux recherches en aérodynamique faites par l'Allemagne nazie. Le F-86 Sabre américain est conçu avec des ailes droites, jusqu'à ce que des documents pris aux nazis prouvent qu'il serait plus rapide avec des ailes en flèche.

Le Focke-Wulf Ta-183 allemand est construit, mais ne vole pas avant 1945. Sa conception impressionne fortement les Russes, qui s'en inspirent beaucoup pour leur MiG-15.

La menace nucléaire

Avro Vulcan
La Royal Air Force utilise le quadrimoteur Avro Vulcan pour maintenir la « pression nucléaire ». Ces gros bombardiers à ailes delta sont toujours prêts à décoller en un temps record.

Pendant la guerre froide, les populations d'Europe occidentale et des régimes communistes d'Europe de l'Est vivent sous la menace permanente des armes nucléaires. Chaque camp veut effrayer l'autre pour l'empêcher d'attaquer.

La logique à la base de cette terrible menace s'appelle « destruction réciproque assurée » : si un assaillant est sûr qu'il sera lui-même complètement anéanti, il est peu probable qu'il passe à l'attaque. Pendant les premières années de la guerre froide, le commandement stratégique de l'armée de l'air américaine compte sur ses énormes bombardiers pour larguer des bombes nucléaires.

Tupolev Tu-16

Le Tupolev Tu-16 *Badger* à long rayon d'action commence à voler en 1952 et sera utilisé pendant toute la guerre froide par l'armée de l'air soviétique. Construit à plus de 1 500 exemplaires, il remplit plusieurs fonctions, allant de la reconnaissance à l'acquisition d'informations électroniques. Des versions ultérieures seront équipées de missiles de croisière pouvant frapper des cibles sur terre et sur mer.

Le bruit et la fumée

À partir de 1952 et pendant les décennies qui suivent, le bombardier nucléaire américain est le puissant B-52 à huit moteurs. Sa conception avec les ailes en flèche et la fixation des moteurs sous les ailes s'inspire des recherches en aérodynamique menées par les Allemands pendant la Seconde Guerre mondiale.

Le premier appareil américain pouvant atteindre des objectifs en Union soviétique est le Boeing B-36 Peacemaker, équipé de moteurs à six pistons et de quatre réacteurs. Par la suite, des avions tels que le B-52 et le B-58 Hulster supersonique seront mis en service. L'Union soviétique, la France et le Royaume-Uni construisent aussi leur propre force de frappe. Plus tard, les deux superpuissances produisent des missiles nucléaires qui, heureusement, n'entreront jamais en action.

Un véritable système nerveux

Pendant quatre décennies, la menace nucléaire mobilise des milliers de personnes dans des stations radar, centres de commandement et bases de missiles. S'ils étaient apparus sur les écrans, les signaux tant redoutés n'auraient laissé qu'un temps très court pour vérifier la réalité de la menace et décider d'une réplique éventuelle.

Lockheed U-2

Cet appareil est inauguré en 1955. Avec ses très longues ailes, il est peu maniable. Mais il peut voler hors de portée des canons et chasseurs soviétiques. Les Américains vont utiliser le U-2 pour des vols de reconnaissance contre les terroristes et les pays considérés comme ennemis des États-Unis, mais aussi comme appareil de secours en cas de désastres tels que inondations, tremblements de terre ou incendies de forêt.

Blackbird
Le Lockheed SR 71 de 1964 vole à trois fois la vitesse du son et à 25 000 m d'altitude. Il peut observer le cœur de l'espace aérien ennemi sans avoir à le survoler.

LES AVIONS ESPIONS

Pendant la guerre froide se dispute une guerre secrète mettant en jeu les avions-espions. Les États-Unis veulent connaître le nombre d'appareils, de missiles et d'armes détenus par le camp adverse. Dans les années 1950 et au début des années 1960, la seule façon d'obtenir ces renseignements est de survoler l'Union soviétique.

Bourrés d'antennes et d'équipements électroniques, les Boeing RB-50G quadrimoteurs survolent les frontières soviétiques pour mesurer et enregistrer les émissions des radars. D'autres avions effectuent des vols pour prendre des photographies ou voir à quoi ressemblent, sur les écrans radar des bombardiers, les cibles d'une guerre nucléaire potentielle. Certains de ces avions-espions sont abattus, mais on garde le silence tant sur ces vols que sur les pertes subies. La plupart des appareils-espions volent si haut que ni les canons ni les chasseurs adverses ne peuvent les atteindre. Peu désireux de reconnaître leur incapacité à lutter contre, les Soviétiques ne se plaignent pas de cet espionnage. Les États-Unis le tiennent également secret, car il est contraire aux conventions internationales.

UN COUP DE MAIN
En grand secret, la Royal Air Force espionne l'Union soviétique, dans les années 1950, au moyen de RB-45 américains porteurs d'immatriculations… britanniques. En effet, le gouvernement américain ne voulant pas reconnaître ces vols, son armée de l'air demande à la Royal Air Force de les effectuer.

GARY POWERS
Les nouveaux missiles antiaériens mis au point par les Soviétiques s'avèrent en mesure de détruire les U-2. Le pilote d'avion-espion américain Gary Powers en fait la dure expérience, lorsque son appareil est abattu en 1960. Condamné à dix ans de prison, Powers sera échangé contre un espion soviétique deux ans après.

LES INTERCEPTEURS

On appelle intercepteurs les chasseurs conçus pour aller repérer et arrêter les avions ennemis. Au début des années 1950, les premiers intercepteurs supersoniques doivent faire face à la menace de bombardiers nucléaires. La perspective de combats menés à grande vitesse sur de larges espaces aériens poussera au développement de missiles air-air.

Conçu en 1954, le Starfighter F-104 dispose d'un long fuselage effilé comme une aiguille et d'ailes courtes, fines comme des lames de rasoir. Tout dans sa conception le destine à voler très vite, à Mach 2, soit deux fois la vitesse du son. Le Mirage III français, qui sort en 1956, est le premier appareil européen capable d'atteindre une telle vitesse. L'Electric Lightning anglais de 1957 parvient lui aussi à cette performance.

ALERTE EN GUERRE FROIDE
Pendant la guerre froide, Russes et Américains s'attendent à des raids aériens passant au-dessus du pôle Nord, la route la plus courte entre de nombreux lieux situés dans les deux pays. Le radar américain de Thulé, au Groenland (ci-dessus), est destiné à repérer les avions venant du nord-est.

Lockheed F-104 Starfighter
PAYS : ÉTATS-UNIS
LONGUEUR : 16,70 M
ENVERGURE : 6,70 M
VITESSE : 2125 KM/H
VITESSE ASCENSIONNELLE : 15250 M/MIN

Mirage III Dassault-Breguet
PAYS : FRANCE
LONGUEUR : 15,50 M
ENVERGURE : 8,20 M
VITESSE : 2350 KM/H
VITESSE ASCENSIONNELLE : 5000 M/MIN

Le MiG-21 soviétique est mis au point à la fin des années 1950, et on perfectionnera encore ses nouvelles versions. On en construira plus de dix mille (davantage que n'importe quel autre jet) et il sera exporté dans cinquante-six pays.

BAC Electric Lightning
Pays : Grande-Bretagne
Longueur : 16,80 m
Envergure : 10,60 m
Vitesse : 2 415 km/h
Vitesse ascensionnelle : 15 250 m/min

MiG-21 Mikoyan
Pays : URSS
Longueur : 13,50 m
Envergure : 7,20 m
Vitesse : 2 230 km/h
Vitesse ascensionnelle : 11 000 m/min

Les missiles Sidewinder

Ces missiles infrarouges repèrent leur cible grâce à la chaleur s'échappant des moteurs. D'autres sont guidés par des radars, installés soit dans le missile lui-même, soit à bord du chasseur qui les lance.

Brûleurs turbo

En brûlant le carburant qui s'échappe, un brûleur turbo fournit une poussée supplémentaire mais consomme énormément d'énergie. C'est pourquoi on ne l'utilise qu'en cas de nécessité absolue, par exemple pour un précieux gain de puissance lors d'un combat aérien.

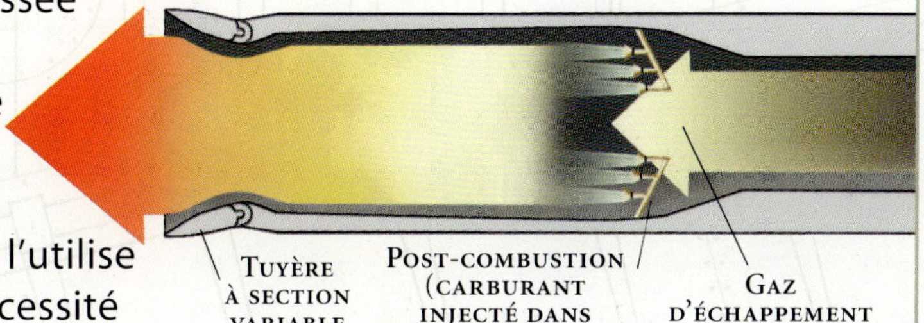

Ravitaillement en vol

La guerre du Vietnam est la première où l'on a recours au ravitaillement en vol. Les appareils de l'US Army ont besoin d'une telle opération au cours de leurs longues missions. Les Américains effectueront plus de 800 000 ravitaillements en vol durant le conflit.

La guerre du Vietnam

Pendant la guerre du Vietnam (1963-1975), toutes sortes d'avions américains servent pour soutenir le régime politique du Sud-Vietnam. Ils combattent à la fois contre les guérilleros sud-vietnamiens (ou Vietcongs) et contre les troupes régulières du Nord-Vietnam.

Certaines régions du Vietnam sont soumises à de très lourds bombardements, beaucoup plus violents que les raids de la Seconde Guerre mondiale. La jungle est aspergée de napalm pour détruire la végétation et mettre à découvert les combattants qui s'y cachent. Au-dessus du Nord-Vietnam, de puissants appareils Phantom affrontent de vieux MiG russes utilisés par les forces aériennes communistes.

Phantom F-4

Pendant les années 1960, les Phantom sont les meilleurs chasseurs polyvalents du monde. Au Vietnam, ils soutiennent les forces terrestres à l'aide de bombes, roquettes et napalm, escortent des bombardiers et combattent des MiG ennemis.

Mission dans la jungle

Au Vietnam, les hélicoptères américains transportent des troupes allant combattre les soldats et les guérilleros vietnamiens. Ils évacuent aussi les blessés. Lourdement armés, ces hélicoptères servent à protéger d'autres hélicoptères. Avec eux, l'armée américaine peut se déplacer plus vite qu'aucune autre auparavant. Mais ces appareils sont vulnérables aux tirs venant du sol. L'ennemi en détruit près de 2 500, et autant sont victimes d'accidents.

MIG 19

Premier jet supersonique construit par les Soviétiques, le MiG-19 est utilisé par les Nord-Vietnamiens pour combattre l'US Army. À beaucoup d'égards, les MiG s'avèrent inférieurs aux jets américains. Mais ils constituent cependant des ennemis dangereux, prouvant qu'à côté des missiles, les jets modernes ont besoin de mitrailleuses pour les combats rapprochés.

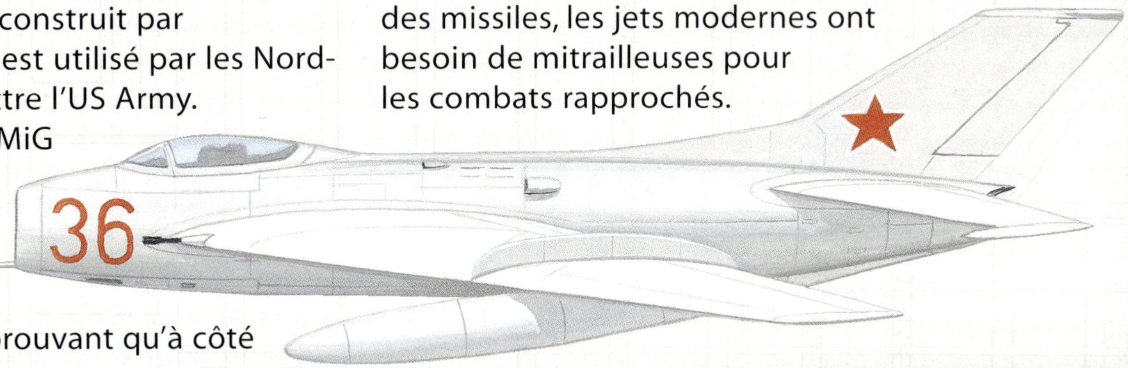

On s'aperçoit que les missiles à tête chercheuse n'atteignent pas forcément leur but dans les airs : si le pilote vire brusquement au bon moment, le missile frôle l'appareil ennemi et épuise son carburant avant de pouvoir virer à son tour pour revenir sur sa cible. Souvent, les bombes ne frappent qu'une jungle vide, alors que d'autres tuent beaucoup de civils innocents. Les années passant, nombre d'Américains ne verront plus aucune justification à cette guerre et voudront y mettre fin.

Les nouveaux chasseurs

Dans les années 1970 et 1980 apparaît une nouvelle lignée de chasseurs équipés de moteurs ultrapuissants. Mais, plus que la vitesse, importe leur capacité à virer très brusquement. Les anciens jets tels le Starfighter et le Phantom perdaient altitude et vitesse lors d'un virage serré. En outre, les nouveaux chasseurs sont dotés de radars et de toutes sortes de systèmes de défense.

À vos casques !
Les pilotes de chasse disposent de casques sur mesure, afin d'assurer un ajustage parfait. Sur les modèles les plus récents sont montés des systèmes de visée.

Aujourd'hui, les chasseurs sont munis de fusées pour détourner des missiles infrarouges. Au lieu de se diriger sur les moteurs, les missiles ainsi déjoués explosent près de la fusée qui dégage de la chaleur.

McDonnell Douglas F-15 Eagle
Pays : États-Unis
Longueur : 19,40 m
Envergure : 13 m
Vitesse : 2700 km/h

Ce qu'il faut éviter
Le système d'attaque de l'avion anglais Rapier lance des missiles de courte portée, très précis. D'autres missiles comme les Stinger peuvent être expédiés par un soldat les portant sur son épaule. Ces armes sont faciles à déplacer, ce qui empêche les appareils d'attaque de repérer avec précision leur site de lancement.

La force G

Les chasseurs modernes virent de façon si brutale que le pilote est soumis à des accélérations de 9 G : lors du virage, son corps pèsera neuf fois plus que d'ordinaire !

Sukhoi SU-27 Flanker
Pays : URSS
Longueur : 21,90 m
Envergure : 14,70 m
Vitesse : 2 300 km/h

Les chasseurs peuvent aussi tirer de fines paillettes métalliques pour dévier les missiles.

Un récepteur d'alerte radar indique au pilote si son avion a été repéré par un radar ennemi. Avec son système de brouillage, il tente alors de perturber l'image sur l'écran du radar ennemi. Naturellement, celui-ci saura qu'un avion est en train de brouiller son radar, mais ne localisera pas précisément cet appareil.

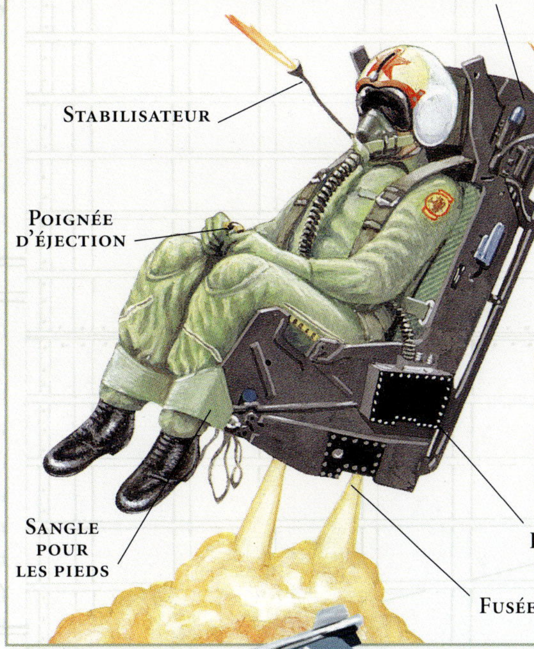

Éjection rapide

Les jets volent à des vitesses telles que des sièges éjectables sont nécessaires si les pilotes doivent quitter leur appareil en vol. Au cours des ans, ces sièges ont sauvé des milliers de pilotes en temps de guerre ou de paix. S'éjecter n'en reste pas moins une opération extrêmement violente.

F-16 Fighting Falcon
Pays : États-Unis
Longueur : 14,50 m
Envergure : 9,50 m
Vitesse : 2 150 km/h

Vite et bas

Le bombardier Tornado est équipé d'un radar de suivi du terrain, qui permet de voler très bas, à vitesse supersonique, de nuit et par mauvais temps.

Ailes à géométrie variable

Le Tornado possède des ailes repliables, dites à géométrie variable. En position déployée (flèche minimale), ces ailes fournissent une forte poussée verticale, utile lors des décollages, atterrissages et virages très serrés. En position repliée (flèche maximale), ces ailes sont idéales pour le vol rapide et à basse altitude, car elles offrent peu de résistance à l'air et passent comme une lame à travers les turbulences.

ATTAQUES À BASSE ALTITUDE

Au début des années 1970, au-dessus du Nord-Vietnam, il s'avère que le temps des gros bombardiers volant à haute altitude est révolu. Des géants tels que le B-52 ne peuvent plus échapper aux défenses par radar et missiles. Place aux appareils plus petits et plus rapides, très semblables à des chasseurs.

De même, durant la guerre du Kippour, en 1973, les bombardiers chasseurs israéliens se trouvent face à une défense aérienne arabe très perfectionnée, utilisant missiles et radar. Ils subissent alors de lourdes pertes. La parade consiste à voler en basse altitude. En fait, aussi bas que possible. En se cachant dans les vallées et derrière des collines ou des bois, des bombardiers rapides peuvent se faufiler jusqu'à leur cible. Devant ces vols à très basse altitude, les défenses aériennes ont peu de temps pour repérer l'ennemi et agir contre lui, d'autant qu'il dispose, comme les chasseurs, de paillettes métalliques, fusées, récepteurs et brouilleurs d'alertes radar.

HARRIER AV8-A
Les bombardiers-chasseurs Harrier (1967) peuvent atterrir et décoller verticalement, un atout qui leur permet de se poser presque n'importe où. Ils peuvent se cacher dans une forêt près du front, attaquer rapidement puis repartir se dissimuler.

APACHE AH-64
Cet hélicoptère d'attaque américain est mis au point après l'expérience vietnamienne. L'équipage est protégé par des systèmes électroniques et des blindages légers sur le plancher et les parois de l'appareil. Conçu pour opérer à basse altitude, l'Apache se cache dans les reliefs du terrain, tout en volant vers sa cible. Lourdement chargé, il est équipé pour voler de jour ou de nuit et par tous les temps !

La guerre du Golfe

La guerre du Golfe de 1991 est pratiquement gagnée dans les airs. L'armée de l'air irakienne, réputée la sixième du monde, sera surclassée par les forces de la coalition.

Bombardiers furtifs

Le F-117 Night Hawk est conçu pour être impossible à repérer sur un radar. En vol de nuit, il a pour mission de frapper des cibles clés, au moyen de bombes guidées avec précision par laser.

Les avions AWACS

Le Boeing AWACS E-3 Sentry (AWACS signifiant : système embarqué d'alerte et de guidage) est mis au point durant la guerre froide afin de repérer, grâce à ses énormes radars, les bombardiers volant à basse altitude. Pendant la guerre du Golfe, les avions AWACS, contrôlant tous les mouvements aériens, sont la clé qui permet de gagner la bataille des airs. Une mission type d'un avion AWACS dure de 16 à 18 heures.

INTRODUCTION

Pour la petite histoire, depuis ma plus tendre enfance, je nage au milieu des fils et des aiguilles de toutes sortes. Ma mère a essayé pendant des années de m'initier au crochet, qu'elle maîtrise à la perfection, mais elle crochetait trop vite, ne se rendait pas compte que son geste si sûr me paraissait si compliqué.

Ce livre je l'ai donc cherché longtemps, je ne l'ai jamais vraiment trouvé. Lorsqu'on m'a demandé si j'étais intéressée pour l'écrire, je n'ai pas réfléchi 2 minutes, j'ai dit oui tout de suite. J'avais l'envie de vous donner ce que j'ai appris, avec mes mots à moi, des mots simples, avec mes mains qui vous montrent chaque mouvement.

J'ai aussi beaucoup pensé à mes élèves en écrivant chaque chapitre, me demandant comment, si elles étaient là, je leur expliquerais chaque leçon. J'ai demandé à des amies ultra débutantes de relire et de tester mes explications et... elles ont réussi !

Si elles l'ont fait, vous le ferez aussi ! Amusez-vous, le crochet c'est facile ! (et ce n'est pas ringard) Maman, Lidia, ce livre je vous le dois...

Silvia

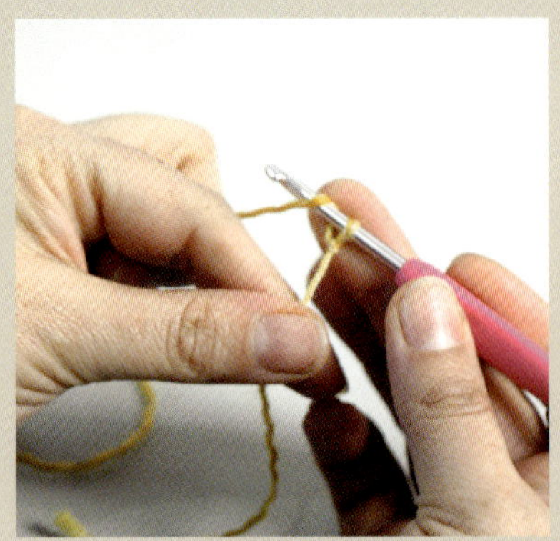

SOMMAIRE

10,0mm

Pour
bien commencer

LE MATÉRIEL

Bien que vous n'ayez besoin que d'une pelote et d'un crochet pour commencer un ouvrage au crochet, voici une liste de matériel qui vous sera bien utile dans votre trousse.

LES CROCHETS

Il en existe plusieurs modèles, et le choix du crochet est très personnel. Cela dit les tout simples tout en acier vont très bien pour débuter.
Une fois que vous aurez trouvé vos marques, vous pourrez opter pour des crochets aux manches en caoutchouc qui sont vraiment très confortables.
Les crochets en bois sont aussi agréables à utiliser mais les petits numéros sont très fragiles, par contre pour des ouvrages où il vous faut un numéro 10 ou plus grand encore, ils sont parfaits.
Le seul impératif est que le crochet soit en bon état ! Si vous utilisez un crochet rouillé, vous risquez de tacher le fil et donc votre ouvrage. Si vous utilisez un crochet en bois un peu entaillé, vous risquez d'accrocher le fil qui s'abimera et éventuellement de vous retrouver avec une écharde dans le doigt.

LES FILS

Vous pouvez absolument tout crocheter, du fil de coton au fil de fer en passant par la cordelette, la soie et la laine ou le cuir. Vous choisirez le fil en fonction du projet que vous avez et des indications se trouvant en début de tutoriel.

COMMENT CHOISIR LA BONNE TAILLE DE CROCHET ET DE FIL ?

En général au début de chaque tutoriel vous trouvez la liste de matériel nécessaire avec des indications de taille pour obtenir le même résultat que sur la photo.
Vous pouvez malgré tout opter pour un crochet et un fil plus gros pour obtenir un résultat plus grand ou au contraire choisir une taille de crochet et de fil plus fin pour obtenir un résultat plus petit. C'est là que les échantillons sont pratiques pour vous rendre compte de ce que ça peut donner en changeant soit l'un soit l'autre.
Voici un exemple avec trois fils différents qui se crochètent normalement avec un crochet 3 pour le fil vert, 3.5 pour le fil jaune et 5 pour le fil bleu. Ils sont ici crochetés tous les 3 avec un crochet 3.5.
Maintenant pour comparer, ils sont crochetés avec la taille de crochet recommandée et placés juste à côté des premiers échantillons. Vous voyez que la différence n'est pas négligeable. Votre façon de crocheter peut également influencer votre choix de crochet. Si vous crochetez large, prenez un crochet plus petit, surtout si vous vous lancez dans la création d'un amigurumi.
Par contre si vous crochetez serré, prenez un crochet plus gros pour avoir moins de mal à le passer dans les mailles.
En résumé, un fil fin crocheté avec un gros crochet vous donnera un résultat ajouré tandis qu'un fil épais crocheté avec un crochet fin vous donnera un résultat plus dense. À vos crochets !

LES MARQUEURS DE RANG

Ils sont très pratiques, surtout lorsqu'on débute ! Ils se placent sur la première maille de chaque rang ce qui facilite le comptage des mailles et qui permet de vite retrouver une erreur.

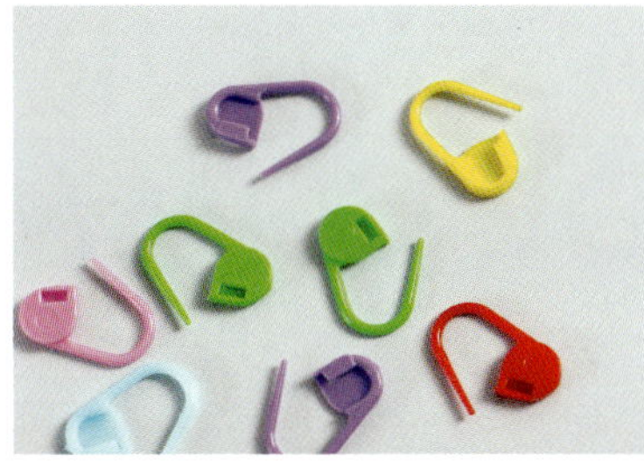

LES MÈTRES

Pour certains ouvrages ou pour vos échantillons, il est judicieux d'en avoir un dans votre trousse.

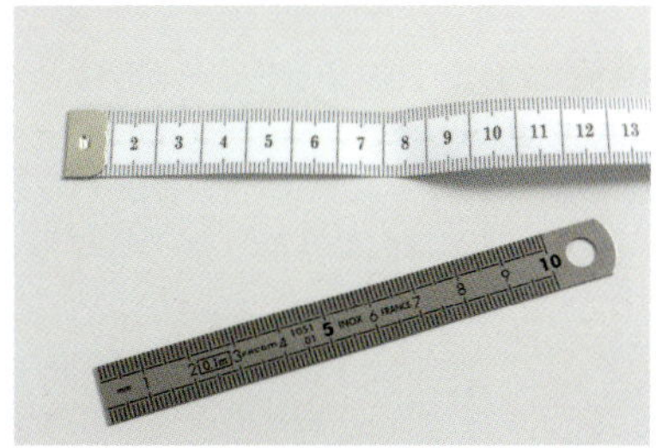

LES CISEAUX OU COUPE FILS

Préférez les petits ciseaux à bouts pointus et réservez-les pour le crochet uniquement pour les garder plus longtemps.

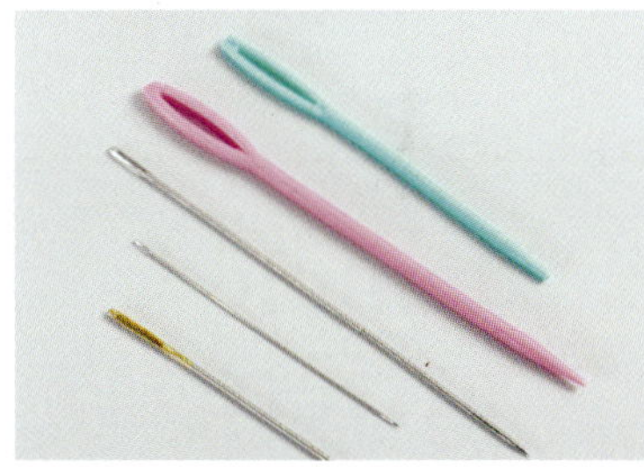

LES AIGUILLES

Vous allez en utiliser pour les divers assemblages. Il vous en faudra de différentes tailles. Ayez dans votre trousse au minimum 1 aiguille à coudre (et une bobine de fil assorti à l'ouvrage ou du fil gris clair qui ira avec tout) et 1 aiguille à laine ou à broder.

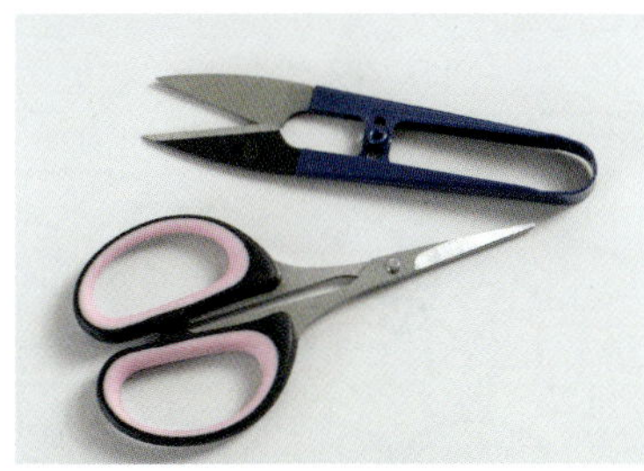

LES ÉPINGLES

C'est presque une boîte à couture que vous allez avoir mais vous verrez que les épingles se révèleront très utiles pour bloquer votre travail ou pour les assemblages de doudous.

LES YEUX DE SÉCURITÉ

Vous voulez faire des doudous, des amigurumis et vous les destinerez peut-être à des enfants ? Alors il faut absolument utiliser des yeux de sécurité pour éviter des accidents. Lorsque vous les achetez, testez-en une paire pour être sûr que la rondelle de sécurité tienne bien. N'hésitez pas à tirer dessus comme pourrait le faire un enfant. Évidemment, si la rondelle ne tient pas il faut la changer !
Dans le commerce vous trouverez des yeux à coudre ou à coller mais réservez-les pour les objets de décoration ou pour les doudous destinés aux très grands enfants.

LA OUATE DE REMBOURRAGE

Comme pour les yeux de sécurité, le choix de votre rembourrage se fera en fonction de la destination du projet.
Si c'est un doudou ou un coussin pour un enfant, préférez la ouate anti-acariens.
Si c'est pour de la déco, c'est moins important.

À SAVOIR AVANT DE COMMENCER

1.

Lisez toujours une première fois les instructions du tutoriel pour être sûr(e) de bien tout comprendre et d'avoir tout le matériel nécessaire.

2.

Que ce soit sur un travail à plat ou un travail en spirale, la boucle qui est sur le crochet ne compte jamais comme une maille. Il doit toujours vous rester une boucle sur votre crochet.

3.

Sauf indications particulières, vous devez toujours piquer votre crochet d'avant en arrière dans les mailles.

4.

Sauf indications particulières, vous devez toujours piquer sous les deux brins de la maille.

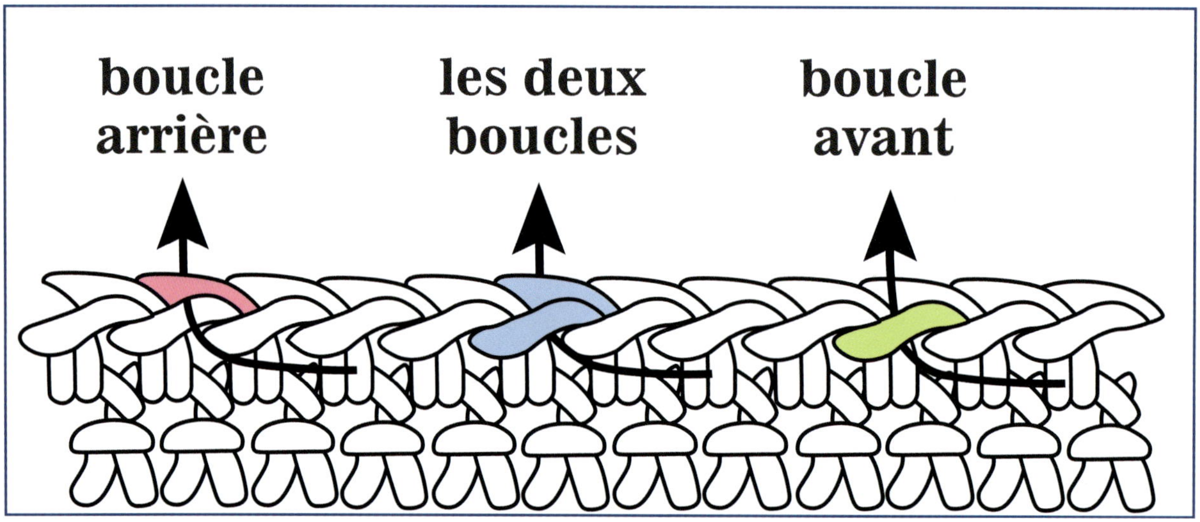

5.

Pour compter les mailles vous devez repérer le « < » qu'elles forment avec les deux brins.

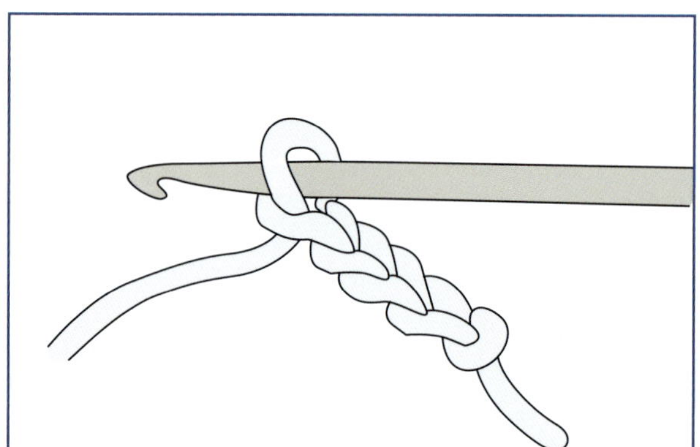

6.

Pour avoir des bords bien droits dans un travail à plat, vous devez toujours crocheter, en début de rang ou pour tourner, un nombre de mailles en l'air correspondant à la hauteur de la maille que vous allez utiliser.

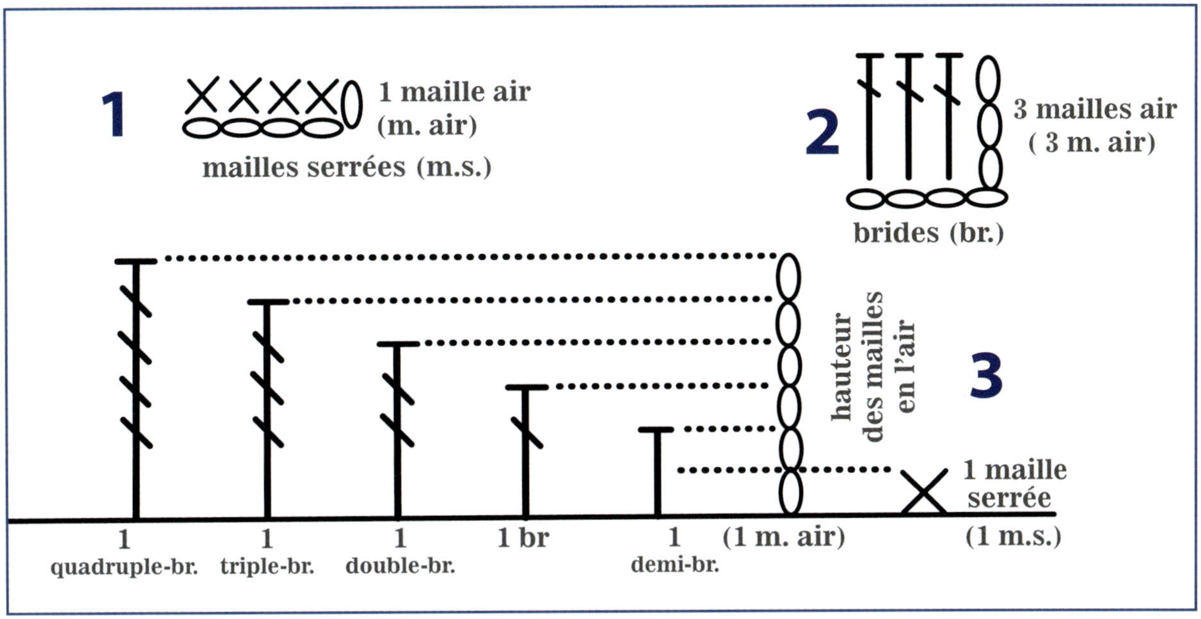

7.

Lorsque vous terminez un ouvrage, ne coupez jamais votre fil à ras. Sauf indications particulières, laissez 10 cm que vous rentrerez discrètement dans les mailles sur l'arrière de l'ouvrage.

8.

N'hésitez pas à faire des essais pour trouver la bonne taille de crochet par rapport au fil utilisé et à votre façon de crocheter.

9.

Installez-vous dans un endroit confortable et calme.

Techniques

LES MAILLES DE BASE

Elles sont peu nombreuses mais elles vous permettront de crocheter une multitude de points différents.

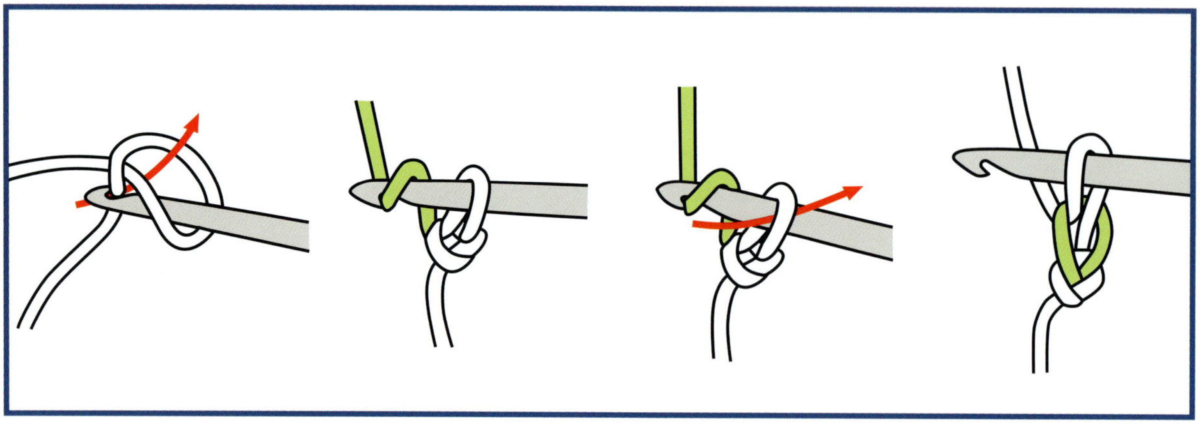

La maille en l'air (ml)

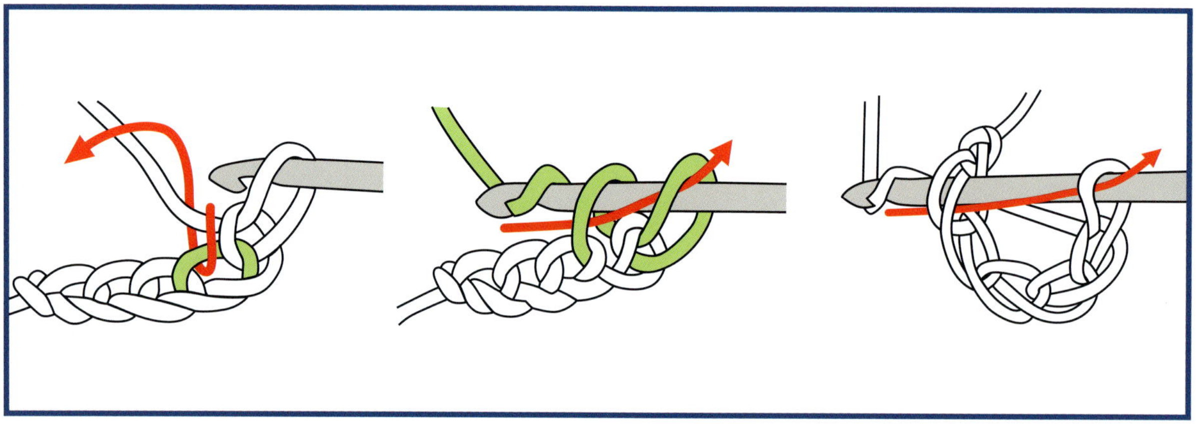

La maille coulée (mc)

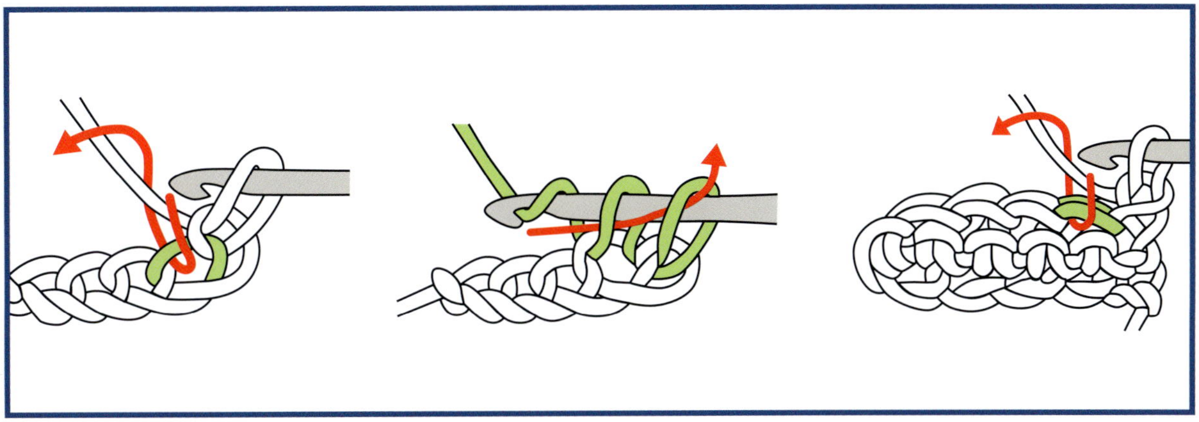

La maille serrée (ms)

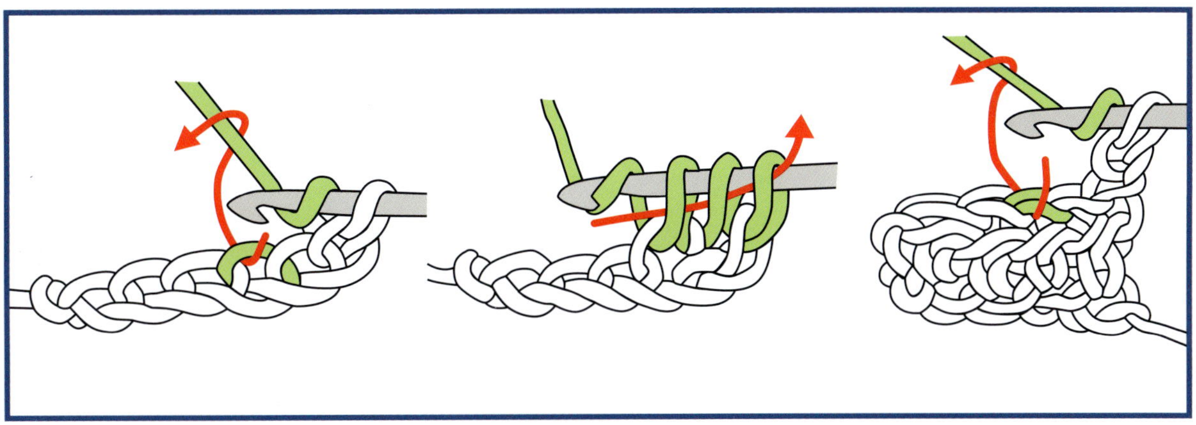

La demi-bride (db)

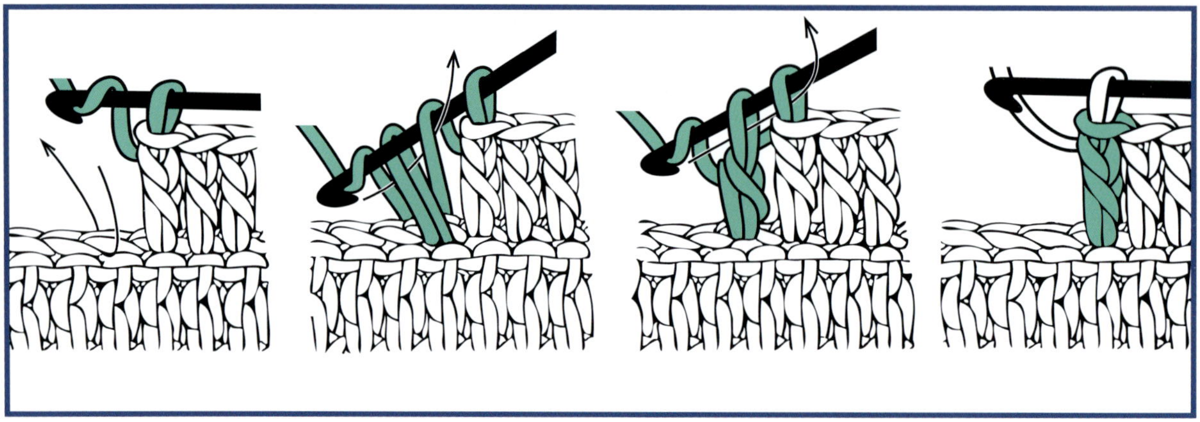

La bride (B)

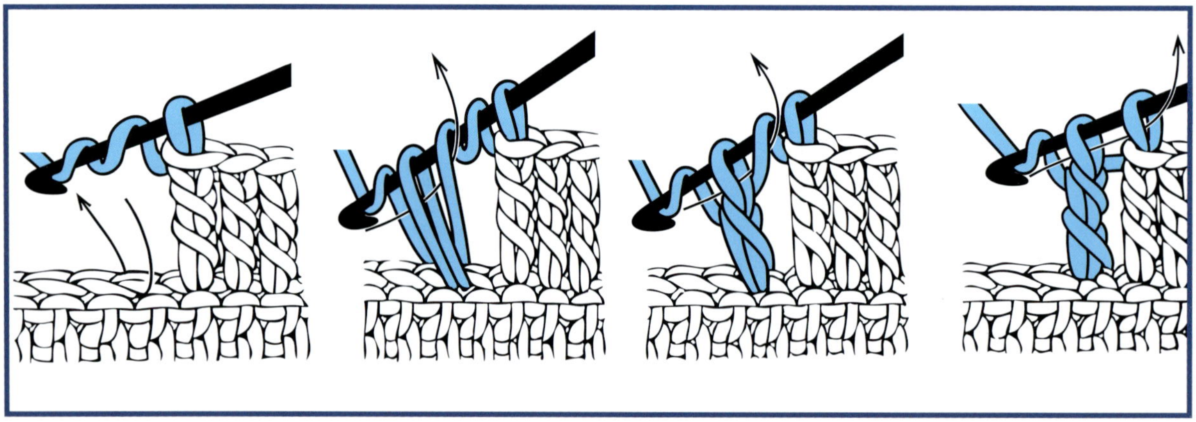

La double bride (db)

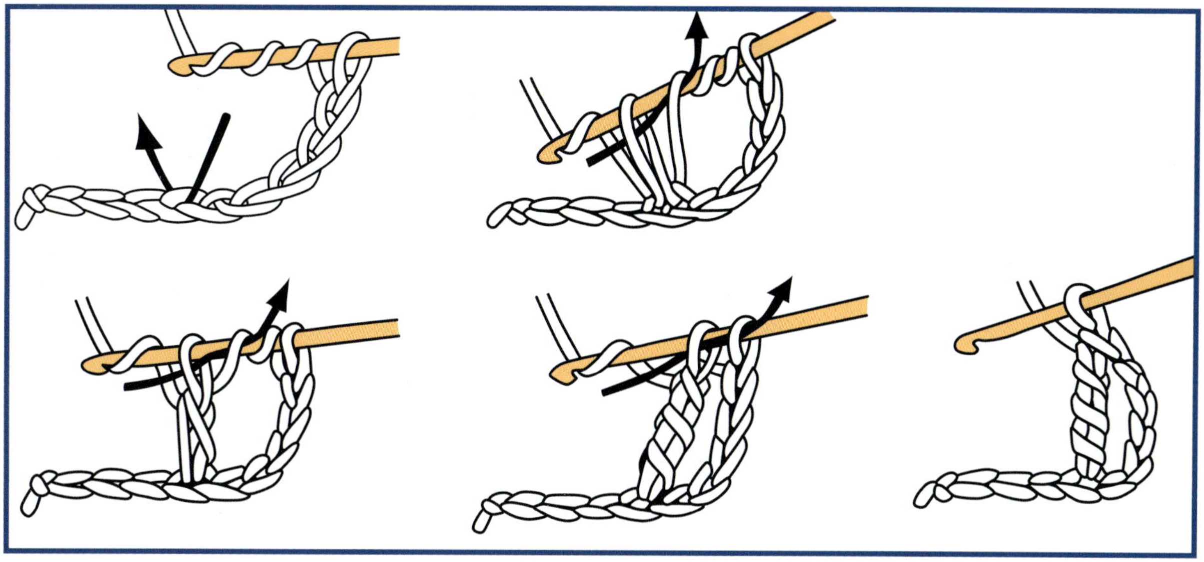

La triple bride (tb)

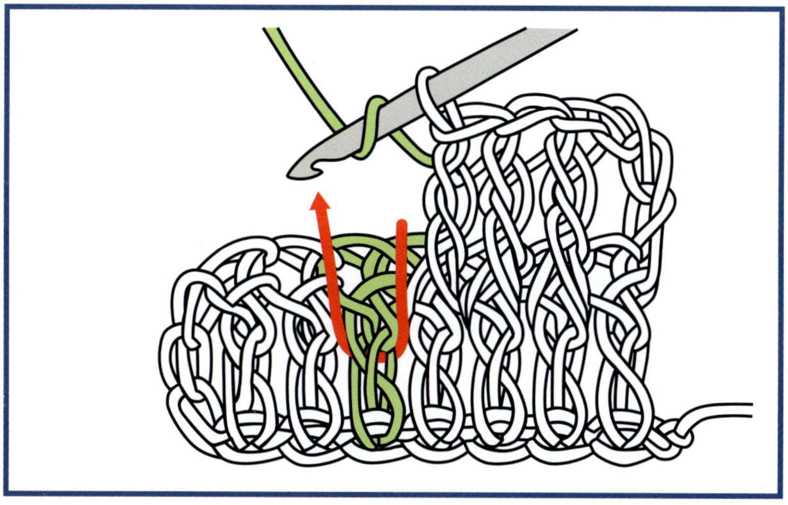

La bride en relief avant

Nous allons aussi parler de la bride en relief avant, c'est une bride qui sera piquée autour d'une maille et pas sous la maille comme d'habitude.
Note : vous pouvez crocheter toutes les mailles en relief à partir de la maille serrée.

ABRÉVIATIONS ET TERMES UTILISÉS AU CROCHET

Rg(s)	Rang(s)	TB	Triple bride
Tr(s)	Tour(s)	rel	Relief
m	Maille	av	Avant
ml	Maille en l'air	ar	Arrière
mc	Maille coulée	BAV	Brin avant
ch	Chaînette	BAR	Brin arrière
cm	Cercle magique	Brel	Bride en relief avant
ms	Maille serrée	Brar	Bride en relief arrière
db	Demi-bride	augm	Augmentation
B	Bride	dim	Diminution
DB	Double bride		

... x...	Répétez ce qui se trouve entre astérisques autant de fois que demandé.
[...]	Crochetez tout ce qui se trouve entre les crochets dans la même maille.
Piquez	Passez votre crochet dans la maille indiquée.
Jeté	Passez le fil de pelote sur votre crochet de l'arrière vers l'avant.

LES AUGMENTATIONS

Les augmentations sont utilisées par exemple pour donner du volume à un travail en spirale ou à agrandir un travail à plat. La plupart du temps il s'agit de crocheter 2 mailles identiques dans la même maille du rang précédent mais il peut arriver, dans certains cas, où ce sera évidemment précisé dans les explications, que la maille d'augmentation soit différente.

Augmentations à plat en début et fin de rang.

Augmentations à plat, à intervalles réguliers.

Augmentations pour donner du volume, ici pour faire une balle.

Augmentations avec des mailles différentes.

LA DIMINUTION INVISIBLE

Elle est utilisée pour réduire la taille ou donner du volume à un ouvrage.
La diminution invisible en bout de rang.

Vous reconnaissez la partie rose qui vous montrait les augmentations, la partie jaune a été faite avec des diminutions sur les 2 mailles des débuts et fins de rangs.

La diminution invisible à intervalles réguliers qui donnera du volume, ici sur une balle. Sur le même principe que l'exemple du dessus, ici la balle a été faite avec des augmentations pour la partie rose foncée et avec des diminutions pour la partie rose claire. Ce sont des diminutions à intervalles réguliers.

COMMENT FAIRE UNE DIMINUTION INVISIBLE ? EXEMPLE AVEC DES MAILLES SERRÉES :

1. Piquez votre crochet uniquement sous le brin avant de la maille suivante.

2. Piquez votre crochet, encore une fois, uniquement sous le brin avant de la maille suivante.

3. Faites un jeté et passez votre fil au travers des deux premières boucles se trouvant sur votre crochet.

4. Il vous reste 2 boucles sur votre crochet.

5. Faites un jeté et passez votre fil au travers des deux dernières boucles.

6. Vous venez de faire une diminution invisible en mailles serrées.

EXEMPLE AVEC DES BRIDES :

1. Faites un jeté.

2. Piquez votre crochet uniquement sous le brin avant de la maille suivante.

3. Piquez votre crochet, encore une fois, uniquement sous le brin avant de la maille suivante.

4. Faites un jeté et passez votre fil au travers des deux premières boucles se trouvant sur votre crochet.

5. Il vous reste 3 boucles sur votre crochet.

6. Faites un jeté et passez votre fil au travers de deux boucles.

7. Il vous reste 2 boucles sur votre crochet.

8. Faites un dernier jeté et passez votre fil au travers des deux dernières boucles se trouvant sur votre crochet.

9. Vous venez de faire une diminution en Brides.

COMMENT FAIRE UNE FERMETURE INVISIBLE

Lorsque vous crochetez en spirale et qu'il faut arrêter le travail, vous tirez le fil et là, vous vous apercevez que la finition n'est pas nette, pas très jolie.
Vous remarquez sur la photo le décalage au niveau de la dernière maille.
Pour y remédier, vous allez faire une fermeture invisible.

1. Enfilez le fil de votre ouvrage sur votre aiguille à laine.

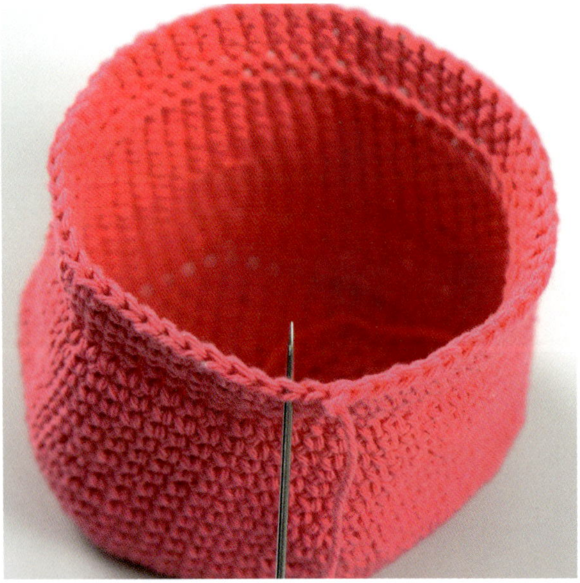

2. Piquez votre aiguille sous la 2ème maille en partant vers la gauche.

3. Piquez maintenant votre aiguille dans la maille d'où sortait votre fil (la dernière maille que vous avez crochetée).

4. Vous ne voyez aucune différence entre la maille que vous venez de faire avec votre aiguille et les mailles crochetées.

5. Le décalage ne se voit quasiment plus, à moins de le savoir. Il n'y a plus qu'à rentrer le fil dans l'arrière des mailles.

POUR LES OUVRAGES À PLAT, LA FERMETURE EST BEAUCOUP PLUS FACILE.

1. Après la dernière maille du rang, retirez votre crochet.

2. Tirez sur le fil et coupez-le à 10 cm.

3. Vous voyez que le travail est bien fini, vous n'avez plus qu'à rentrer le fil sur l'arrière des mailles.

COMMENT CHANGER DE FIL OU DE COULEUR

CHANGER DE FIL

Il vous arrivera probablement au fil de vos ouvrages de devoir changer de fil parce que vous arrivez au bout de votre pelote.

1. Votre fil est trop court pour continuer, vous allez devoir faire un raccord. Veillez à ce qu'il soit encore assez long pour faire une maille entière, sinon défaites la dernière maille crochetée.

2. Piquez votre crochet dans la maille suivante.

3. Présentez votre nouveau fil en le mettant à cheval sur votre index. Le fil de pelote vers l'avant et l'extrémité, que vous cacherez ensuite, vers l'arrière.

4. Faites un jeté en prenant le nouveau fil et passez-le au travers de la maille.

5. Vous avez maintenant 2 boucles sur votre crochet. Veillez à ce que celle faite avec le nouveau fil soit de la même taille que sa voisine.

6. Faites un jeté, toujours avec le nouveau fil, et passez-le à travers les deux boucles.

7. Votre nouvelle maille est faite et, sur l'avant, vous ne voyez pas de raccord.

8. Sur l'arrière par contre, vous allez devoir faire quelque chose.

9. Faites un nœud discret.

10. Laissez les fils en suspens pour le moment, vous les rentrerez dans l'arrière des mailles à la fin de votre ouvrage. En les laissant en suspens, vous saurez maintenant reconnaître l'avant de l'arrière. Vous pouvez continuer votre ouvrage avec votre nouveau fil, comme si de rien n'était.

LE CHANGEMENT DE COULEUR

Si vous pouvez faire le changement de fil dès le 1er jeté de la maille, pour le changement de couleur vous devrez toujours attendre le dernier jeté.

1. Commencez votre maille normalement en piquant dans la maille suivante.

2. Faites un jeté et passez le fil à travers la maille.

3. Vous avez maintenant 2 boucles sur votre crochet.

4. Présentez votre nouveau fil de couleur différente en le mettant à cheval sur votre index. Le fil de pelote vers l'avant et l'extrémité que vous allez cacher vers l'arrière.

5. Faites un jeté en prenant votre nouveau fil et passez-le au travers de la maille.

6. Vous avez terminé votre maille. Elle est bien jaune comme prévu et le fil prêt à être crocheté pour la prochaine maille est rouge. De cette façon, vous ne verrez pas de raccord.

7. Piquez votre crochet dans la maille suivante. Prenez l'extrémité de votre ancien fil jaune et l'extrémité de votre nouveau fil rouge entre votre pouce et votre index et passez votre crochet par-dessous pour aller faire le jeté.

8. Faites un jeté et passez votre fil au travers de la maille tout en passant bien par-dessous les extrémités de fil.

9. Vous avez deux boucles sur votre crochet et les extrémités de fil à cacher sont pris dans la maille que vous êtes en train de faire.

10. Faites un jeté, en passant cette fois par-dessus les extrémités de fil à cacher, et passez-le au travers des deux boucles.

11. Vous venez de faire une maille avec votre nouvelle couleur. Sur l'avant, vous ne voyez aucun raccord, aucun décalage.

12. Sur l'arrière, les extrémités de fil à cacher sont bien prises dans la nouvelle maille. Continuez à crocheter quelques mailles, en passant votre crochet autour comme vous venez de le faire pour bien les bloquer, puis coupez le surplus. Votre travail sera propre sur l'avant et sur l'arrière.

COMMENT RECONNAÎTRE L'AVANT ET L'ARRIÈRE D'UN OUVRAGE

Il n'y a rien de plus dommage, lorsqu'on termine un ouvrage et que l'on est prêt à l'offrir, que de se rendre compte qu'on l'a fait à l'envers.
Voilà deux photos qui peuvent paraître identiques mais qui ne le sont pourtant pas du tout. L'une montre l'avant et l'autre montre l'arrière de l'ouvrage. Pouvez-vous les reconnaître ?

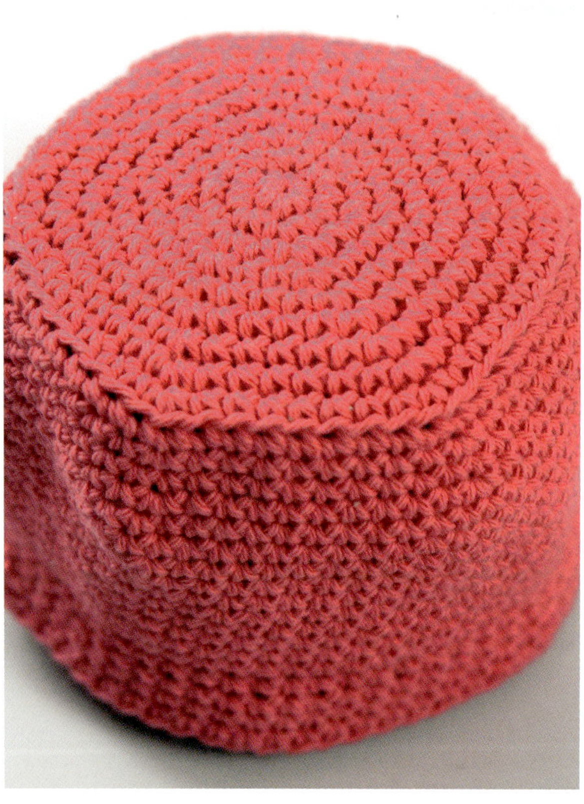

C'était facile, vous avez vu le fil du début sur l'envers ! Mais était-ce la seule différence ? Regardez bien.

Sur la photo du haut, on voit bien le petit « v » que forme la maille serrée tandis que sur la photo du bas, on voit des traits horizontaux en travers des mailles.

Ces traits sont utiles pour rentrer les fils lorsqu'on termine le projet mais ne sont pas très jolis à montrer, alors on les cache sur l'envers.

Et en pratique comment faites-vous pour crocheter tout de suite du bon côté et ne plus vous tromper ?

C'est tout simple, il suffit d'un geste à faire et de reconnaître quelques signes qui vous indiquent que votre ouvrage est bien à l'endroit.

VOTRE OUVRAGE EST BIEN À L'ENDROIT :

1. Ici tout va encore bien, 3 rangs d'augmentations et l'ouvrage est toujours bien plat. C'est encore évident de reconnaître l'avant et l'arrière de votre disque.

2. Après un demi tour de mailles serrées, sans augmentations cette fois, on voit que le bord commence à remonter.

3. Après un tour complet de mailles serrées, sans aucune augmentation, vous voyez clairement que les bords remontent.

4. Vous voyez aussi que vous crochetez depuis l'intérieur du petit bol qui commence à se former.

5. Après 2 tours de mailles serrées, toujours sans augmentations, les bords sont clairement remontés et vous obtenez un joli bol.

6. C'est maintenant qu'il faut que vous fassiez le petit geste qui vous permettra de crocheter à nouveau du bon côté. Faites simplement redescendre les bords pour retourner votre ouvrage.

7. Vous crochetez à présent depuis l'extérieur de votre bol.

8. Votre ouvrage prend forme et c'est le joli côté qui est visible.

ET POUR LES TRAVAUX À PLAT, SANS VOLUME ?

Vous les crochetez soit en spirale, soit en allers-retours. Dans le premier cas, et comme vous l'avez vu plus haut, il est facile de reconnaître l'avant de l'endroit. Il vous suffit de regarder les mailles.

Dans le second cas c'est encore plus simple ! Vu que vous faites une fois les mailles sur l'endroit (l'aller) et une fois les mailles sur l'envers (le retour), c'est à vous de décider quel côté sera l'avant. Une fois que vous l'aurez choisi, il faudra vous y tenir et rentrer tous les fils du même côté.

Pratique

DÉBUTER UN TRAVAIL À PLAT EN RANGS

Un travail à plat commence toujours par une chaînette faite à base de mailles en l'air.

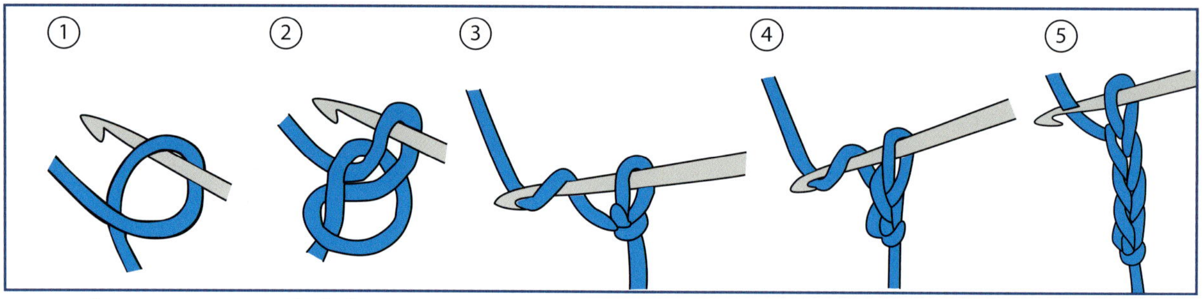

La chaînette (ch)

La maille en l'air est une des mailles de base en crochet, il faut donc que vous la maîtrisiez avant de pouvoir entreprendre de gros projets.
Voilà le schéma que vous retrouverez souvent dans les explications d'un ouvrage.
C'est à vous de jouer en suivant le pas à pas en photos.

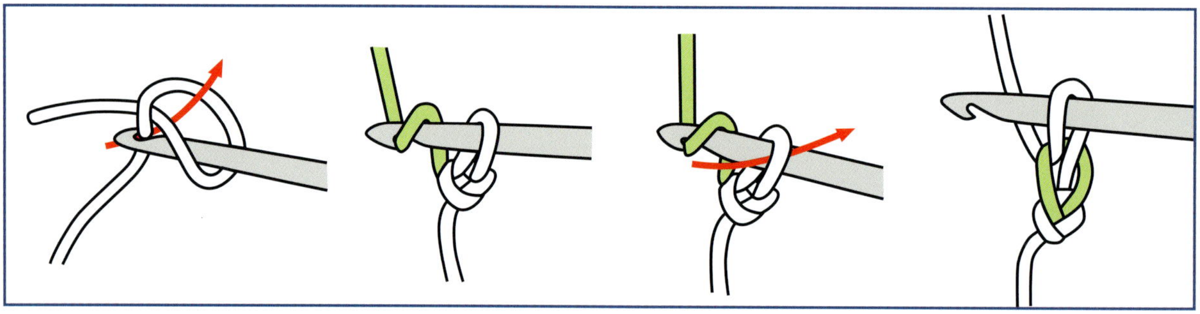

La maille en l'air (ml)

1. Posez le fil sur vos doigts et tenez-le avec votre pouce.

2. Prenez le fil de pelote et passez-le autour de vos doigts pour qu'il vienne former une croix.

3. Passez votre crochet sous le fil en haut à droite et attrapez le fil qui se trouve en haut à gauche.

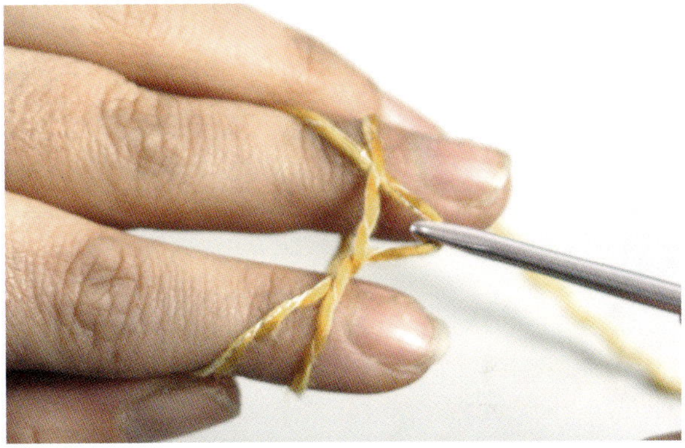

4. Tirez le fil et ramenez-le vers vous.

5. Enlevez vos doigts et resserrez le nœud coulant en tirant sur le fil de pelote.

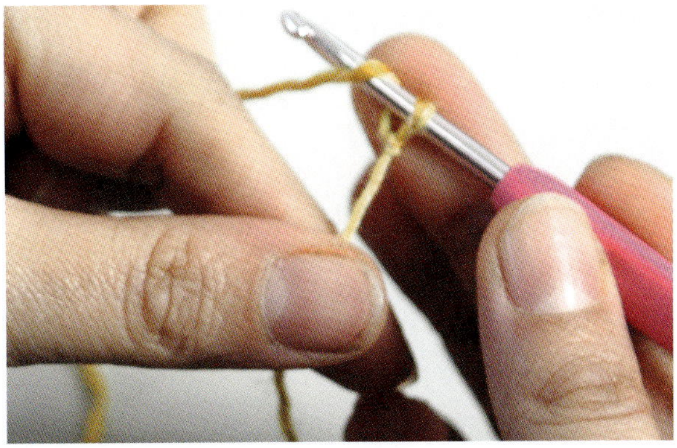

6. Faites un jeté et passez le fil à travers la boucle qui se trouve sur votre crochet.

EXERCICE

Faites une chaînette de 30 ml (mailles en l'air).
Défaites-la et recommencez au moins 3 fois pour bien maîtriser le nœud coulant et les mailles en l'air.

À SAVOIR

▶ Vous allez crocheter de droite à gauche et tourner votre ouvrage à chaque rang.

▶ À chaque fin de rang vous devrez crocheter une ou plusieurs mailles en l'air pour tourner. Vous devrez donc faire un nombre de mailles en l'air X qui correspondront à la hauteur de la maille que vous utiliserez. Mis à part pour les mailles serrées, ces mailles en l'air compteront ensuite comme première maille du rang suivant.

Ne vous inquiétez pas, le nombre de mailles en l'air à crocheter pour tourner est en général précisé sur le tutoriel mais pour rappel, voici un tableau qui reprend le nombre de mailles en l'air à faire pour obtenir la hauteur des mailles à crocheter.

▶ À chaque fin de rang, votre dernière maille sera piquée sur la dernière maille en l'air que vous aviez faite pour tourner au rang précédent.

Maille serrée (ms)	1 maille en l'air (ml)
Demi-bride (db)	2 mailles en l'air (ml)
Bride (B)	3 mailles en l'air (ml)
Double bride (DB)	4 mailles en l'air (ml)
Triple bride (DB)	5 mailles en l'air (ml)

DÉBUTER UN TRAVAIL EN ROND

Que ce soit pour crocheter en spirale ou en tours, il existe deux façons de débuter un travail en rond.
La première façon est de crocheter une chainette de 4 mailles en l'air ou plus que vous fermerez par une maille coulée. Vous ferez ensuite vos premières mailles en piquant dans l'anneau obtenu.
Commencez par faire un nœud coulant.

1. Posez votre fil sur vos doigts.

2. Avec votre fil de pelote, faites le tour de vos doigts.

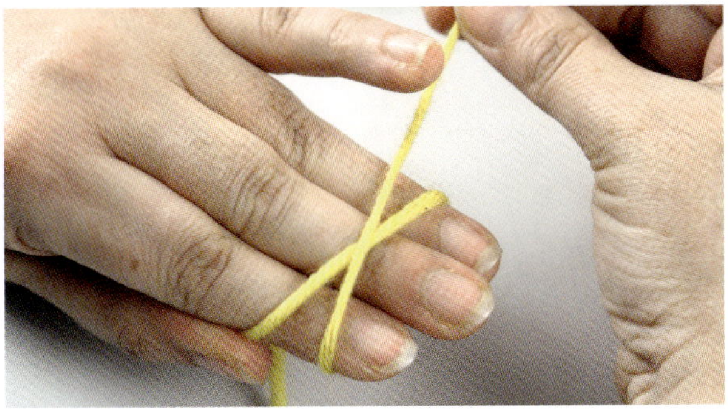

3. Vous devez obtenir une croix et coincer le fil de pelote avec votre annulaire.

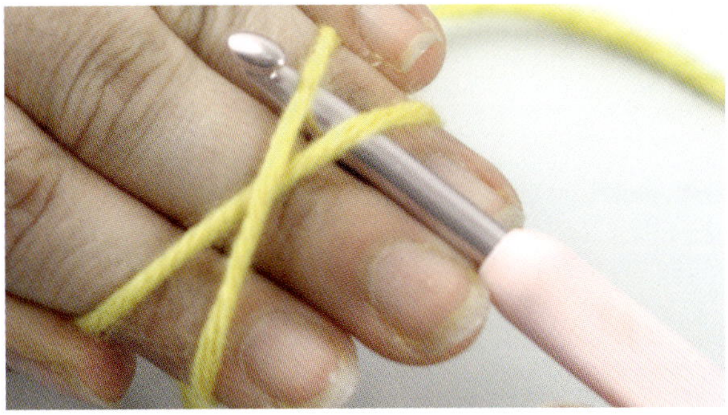

4. Bec vers le haut, passez votre crochet sous les deux fils du haut et allez chercher le fil en haut à gauche.

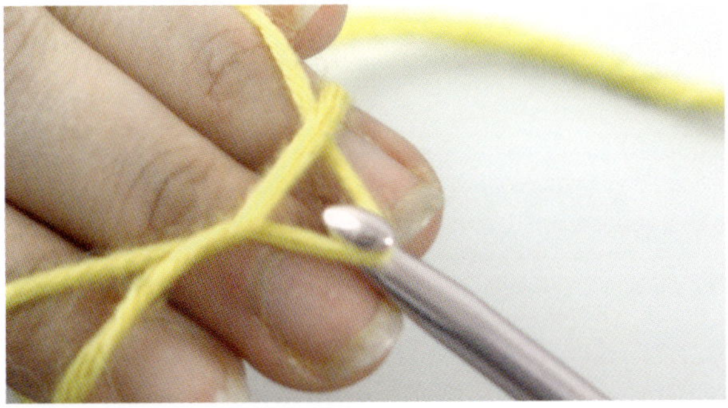

5. Ramenez le fil vers vous.

6. Retirez vos doigts en faisant attention à ne pas lâcher le fil avec le crochet.

7. Une fois que vous avez retiré vos doigts, il faut récupérer l'extrémité du fil et le fil de pelote. Tirez à présent sur les deux fils pour resserrer votre nœud coulant.

8. Faites un jeté et passez le fil au travers de la boucle qui se trouve sur votre crochet.

9. Vous venez de faire une première maille en l'air, faites-en 4.

10. Vous avez crocheté votre chaînette, vous allez maintenant la fermer pour obtenir un anneau.

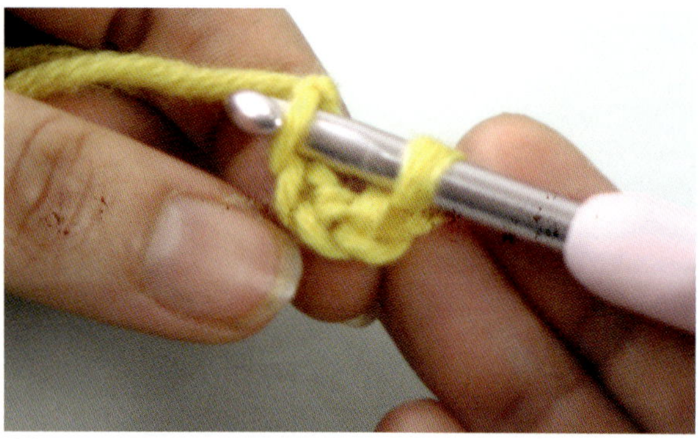

11. Piquez votre crochet dans la toute première maille de votre chainette.

12. Faites un jeté et passez le fil au travers des deux boucles sur le crochet.

13. Vous avez votre anneau.

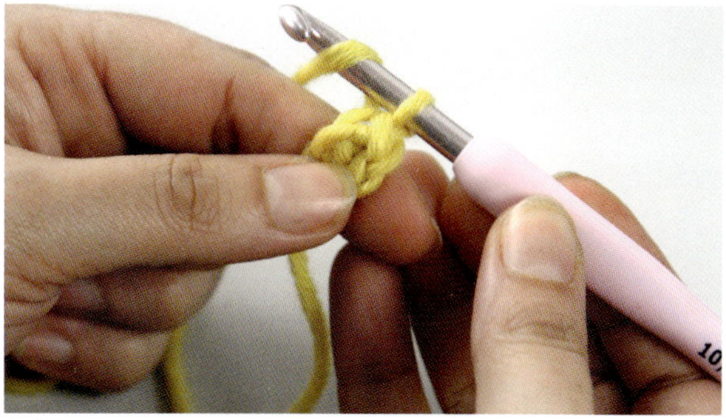

14. Pour l'exemple vous allez faire des brides. Faites donc un jeté puis passez le fil au travers de la boucle sur le crochet.

15. Vous avez fait la première maille en l'air, faites-en 2 de plus pour former la première bride du tour.

16. À ce stade, vous avez votre anneau et 3 mailles en l'air qui forment votre première bride.

17. Faites un jeté.

18. Repérez le centre de l'anneau, c'est là que vous allez piquer votre crochet. S'il est petit et serré, prenez votre temps et n'hésitez pas à écarter les mailles avec vos doigts pour bien piquer au centre et pas dans une maille.

19. Faites un jeté et passez le fil au travers de l'anneau.

20. Vous avez 3 boucles sur votre crochet.

21. Faites un jeté et passez votre fil au travers des deux premières mailles.

22. Vous avez maintenant 2 boucles sur votre crochet.

23. Faites un jeté et passez votre fil au travers des deux dernières boucles.

24. Vous avez à présent 2 brides dans votre anneau. Vous pouvez évidemment remplacer la bride par n'importe quelle autre maille. Pensez juste à bien piquer votre crochet au centre de l'anneau pour que la maille soit bien crochetée autour de lui.

Exercice : Faites au minimum 3 fois un anneau avec 3 brides crochetées à l'intérieur.

La deuxième façon de débuter un travail en rond est la méthode du cercle magique ou cercle plein.
Si vous voulez faire des amigurumis, ce sera la méthode à utiliser.

1. Posez votre fil sur vos doigts.

2. Avec votre fil de pelote, faites le tour de vos doigts.

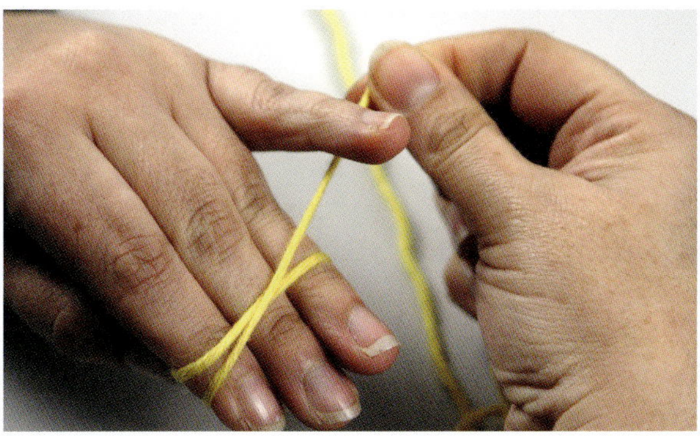

3. Coincez votre fil de pelote sous votre auriculaire.

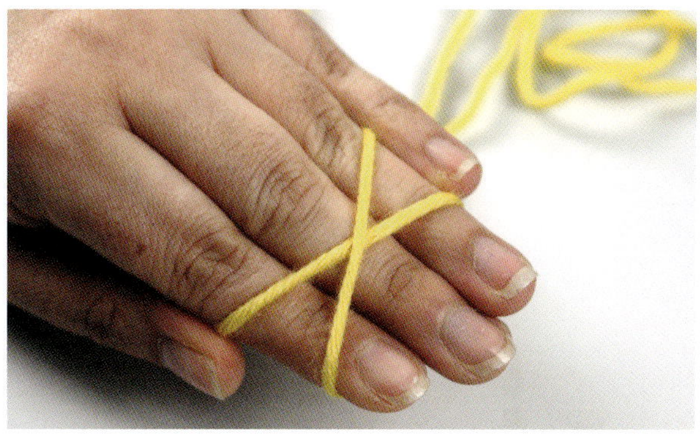

4. Une belle croix s'est dessinée sur vos doigts.

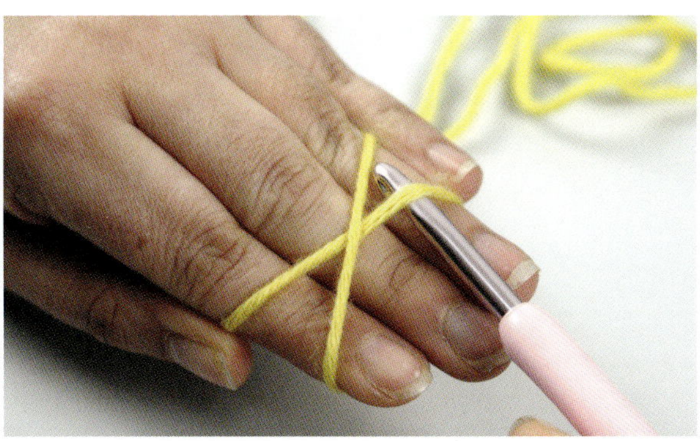

5. Passez votre crochet sous le fil en haut à droite et allez chercher le fil en haut à gauche.

6. Ramenez le fil vers vous.

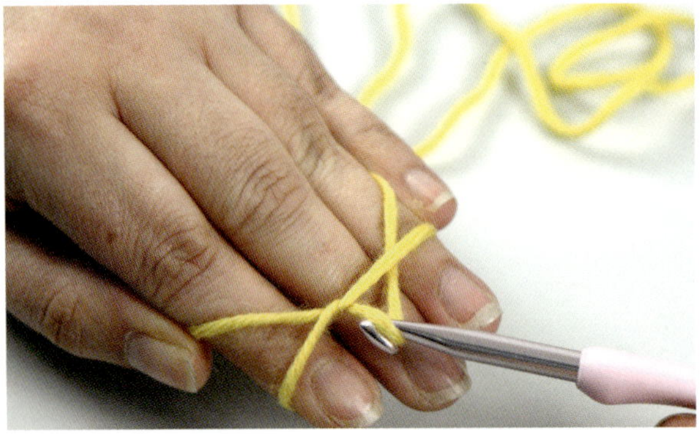

7. Vous devez à présent redresser le crochet. Pour bien faire, faites-le vriller pour former une boucle autour de lui.

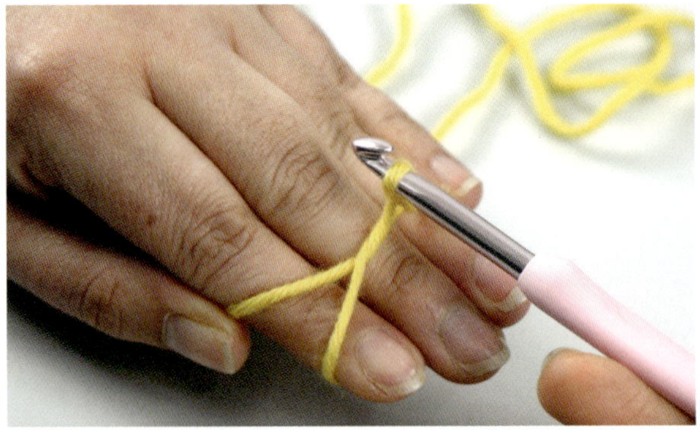

8. Votre crochet est à nouveau le bec en haut et vous voyez la boucle dans laquelle il est « prisonnier ».

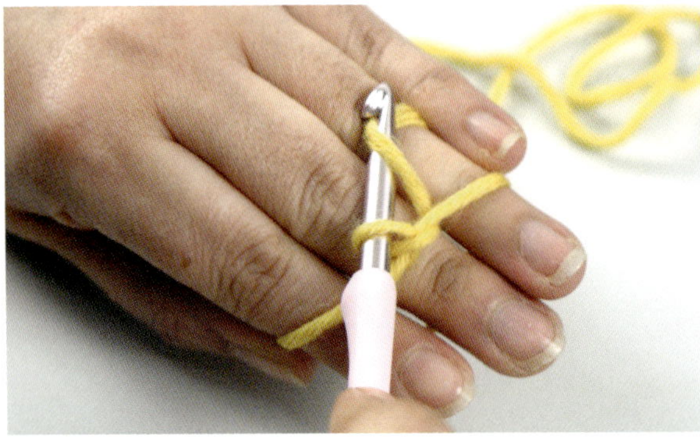

9. Faites un jeté, avec le fil toujours retenu par votre auriculaire, et passez-le au travers de la boucle qui se trouve sur votre crochet.

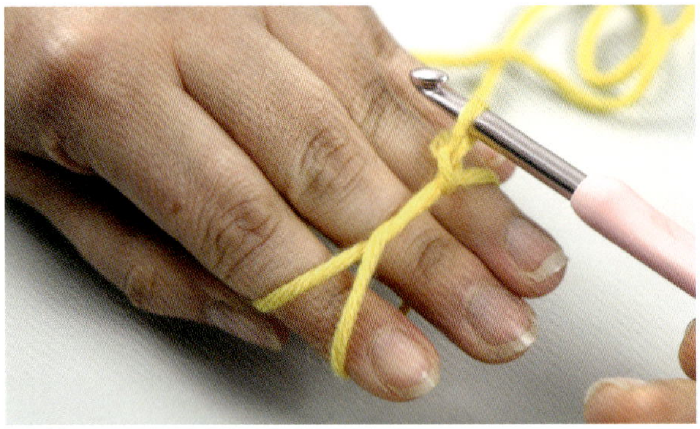

10. À ce stade, le nœud doit être bien serré et vous pouvez retirer vos doigts.

11. Bravo, vous avez fait un beau cercle magique !

Vous devez maintenant crocheter un nombre de mailles à l'intérieur avant de le resserrer.
Pour l'exemple, vous allez faire 6 mailles serrées.

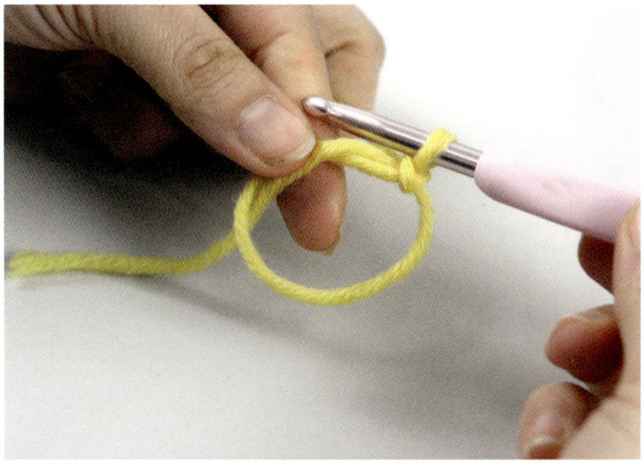

1. Tenez bien, entre votre pouce et votre index, l'extrémité du fil et votre boucle. C'est très important de bien crocheter toutes vos mailles autour de ces deux fils.

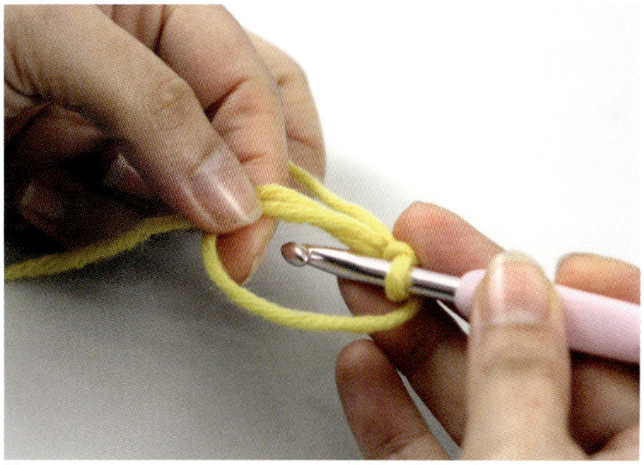

2. Plongez votre crochet dans le cercle magique.

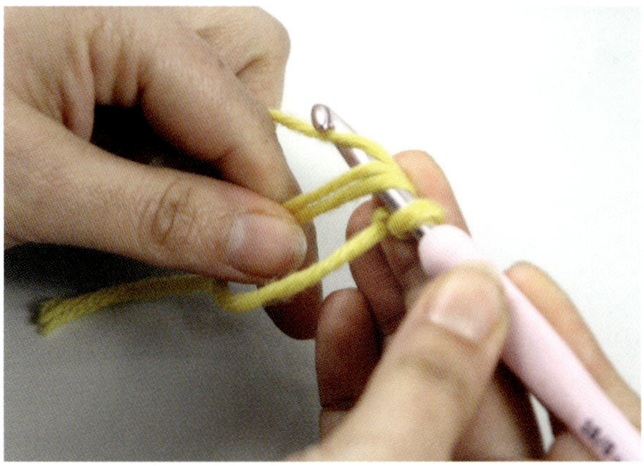

3. Faites un jeté et passez votre fil au travers du cercle magique.

4. Vous avez deux boucles sur votre crochet.

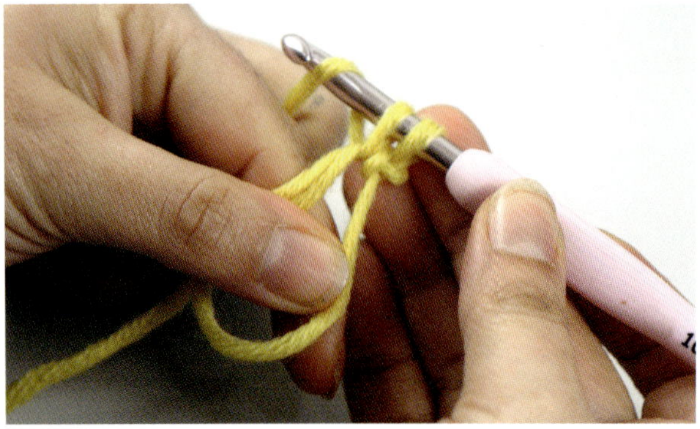

5. Faites un jeté et passez votre fil au travers des deux boucles sur votre crochet.

6. Vous venez de crocheter votre première maille serrée. Faites-en 5 de plus.

7. Vous avez crocheté 6 mailles serrées, vous allez maintenant resserrer le cercle magique.

8. Vous allez prendre l'extrémité du fil entre votre pouce et votre index.

9. Tirez sur le fil pour resserrer le cercle magique.

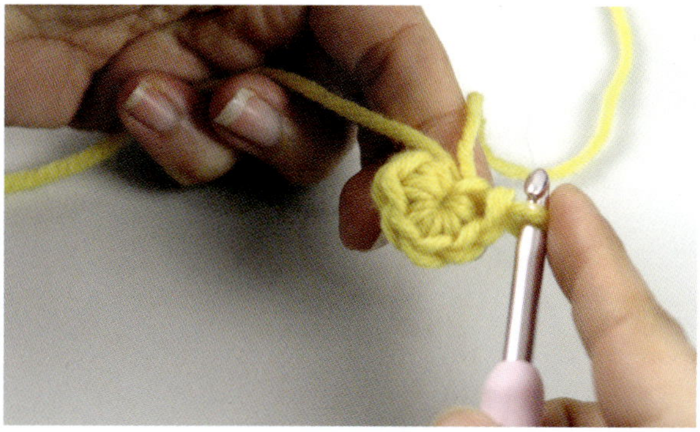

10. Vous obtenez un beau cercle sans petit trou au milieu. C'est le gros avantage du cercle magique et c'est pour cette raison que les amigurumis commencent toujours par cette méthode.

11. Pour le prochain tour, fiez-vous aux instructions du modèle que vous aurez choisi mais c'est dans la maille qui suit votre crochet que vous ferez soit votre maille coulée, soit la prochaine maille serrée.

Exercice : faites au moins trois fois un cercle magique avec 6 mailles serrées.

Le cosy mug

FOURNITURES

1 pelote « Calinou » litchee

Crochet n° 3.5

Marqueurs de rang

Aiguille à laine

Bouton

Mug

APPRENDRE LES DEMI-BRIDES EN CROCHETANT UN COSY MUG

POINTS UTILISÉS

ch	Chaînette
ml	Maille en l'air
db	Demi-bride
dbrel	Demi-bride en relief avant
mc	Maille coulée

SCHÉMA DES MAILLES À APPRENDRE

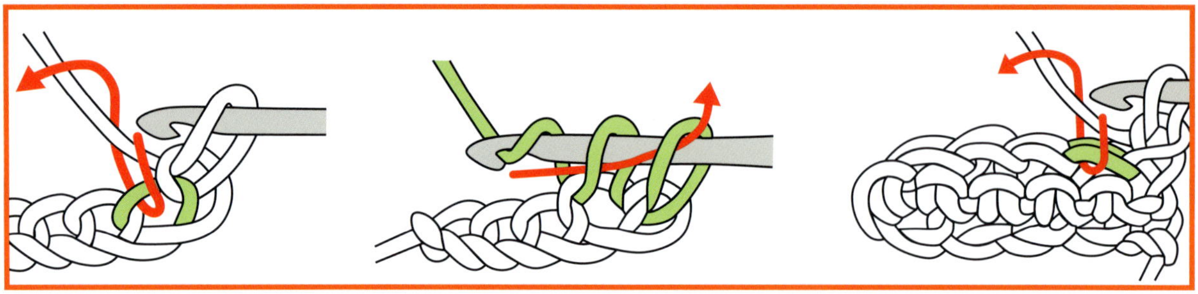

La demi-bride (db)

Pour faire la demi-bride en relief avant, faites comme pour la brel (ici en illustration parce que la maille est plus haute et la compréhension en est facilitée), piquez votre crochet autour de la maille depuis l'avant et en la contournant par l'arrière.

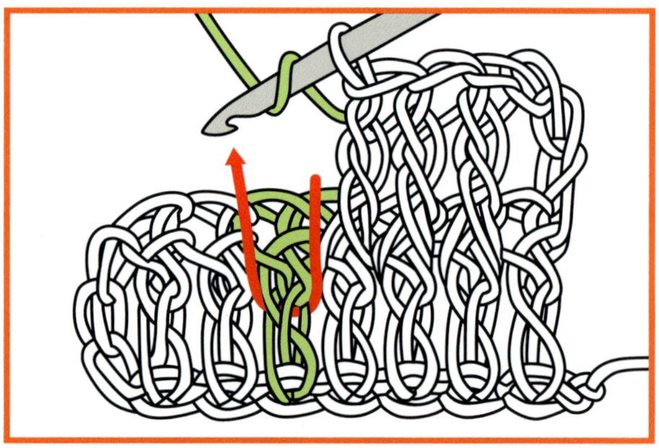

Bride en relief (Brel)

PAS À PAS

Note : c'est un modèle qui se crochète à plat, en allers-retours, vous devrez à chaque fin de rang tourner votre ouvrage pour repartir dans l'autre sens. Les rangs pairs seront faits avec des demi-brides, les rangs impairs avec des demi-brides en relief avant.

RANG 1 : Faites une chainette de 55 mailles en l'air, placez votre marqueur sur la dernière ml.

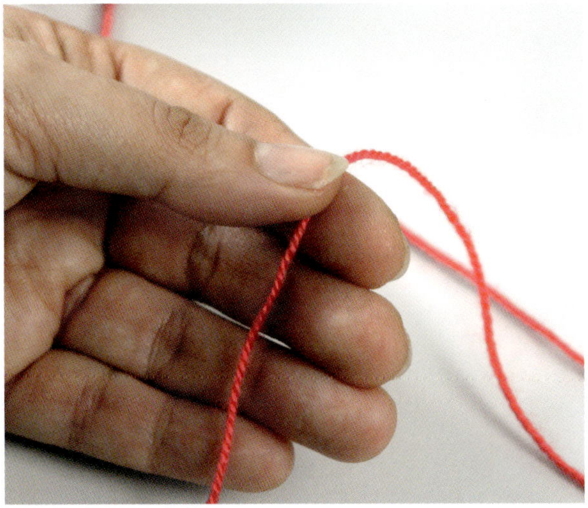

1. Posez le fil sur vos doigts.

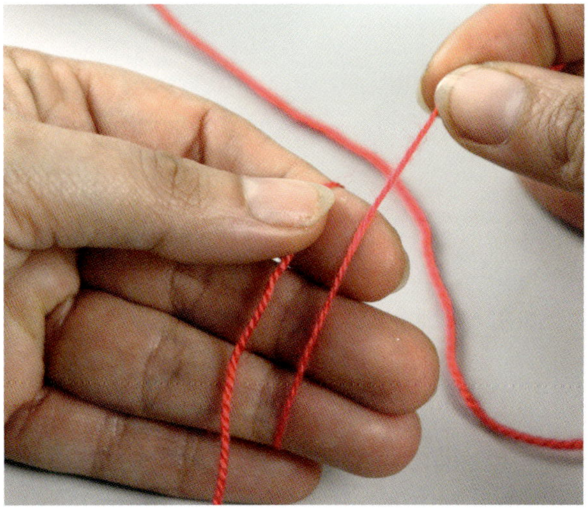

2. Avec votre fil de pelote, faites le tour de vos doigts.

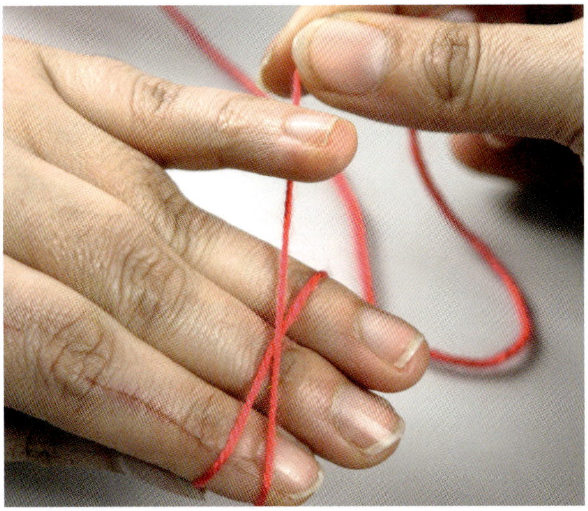

3. Venez coincer votre fil sous votre auriculaire. Vous voyez une belle croix se former.

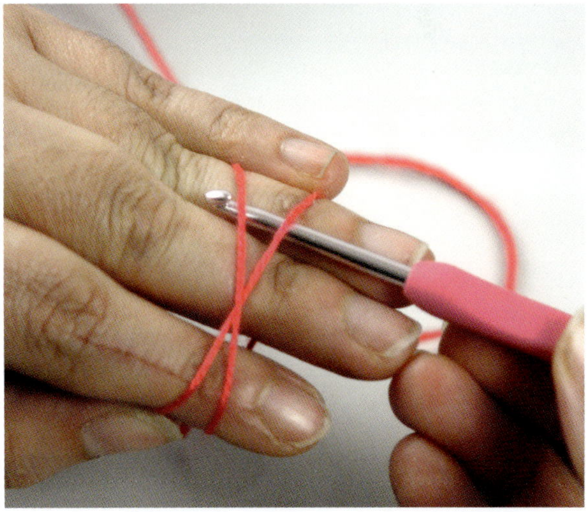

4. Avec votre crochet, bec vers le haut, passez sous les deux fils du haut.

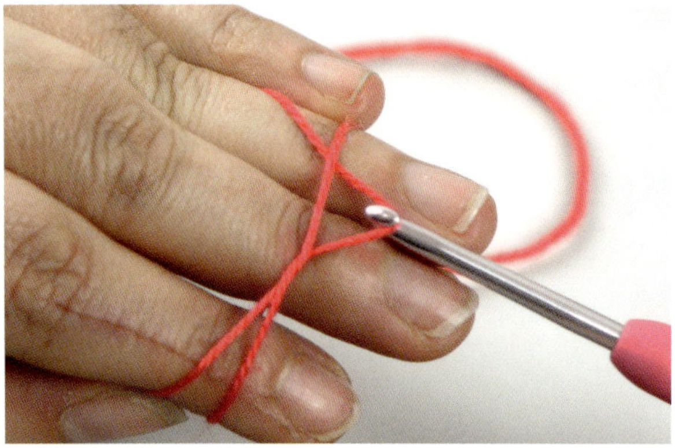

5. Tirez le fil de gauche vers vous en passant sous le fil de droite.

6. Retirez vos doigts de la boucle que vous venez de faire.

7. Tirez sur les deux fils pour resserrer la boucle du nœud coulant.

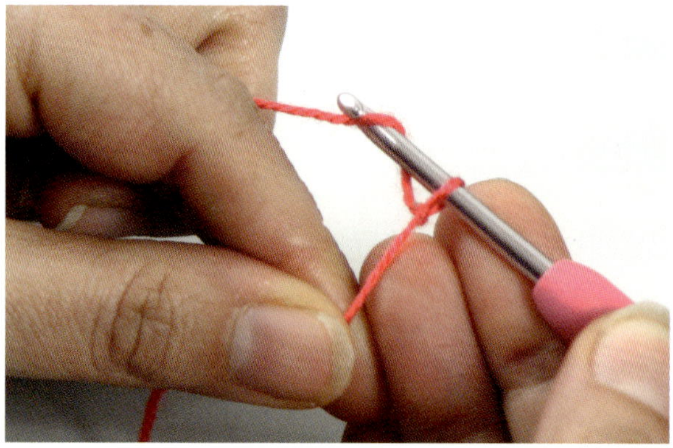

8. Faites un jeté et passez votre fil dans la boucle qui est sur votre crochet pour former votre 1ère maille en l'air.

9. Vous avez fait une maille en l'air, faites-en 54 de plus.

10. Vous avez une chainette de 55ml, posez un marqueur sur la dernière ml.

RANG 2 : Faites 2ml puis 54 demi-brides en commençant sur la maille qui suit le marqueur.

1. Faites 2ml qui compteront comme 1ère demi-bride du rang.

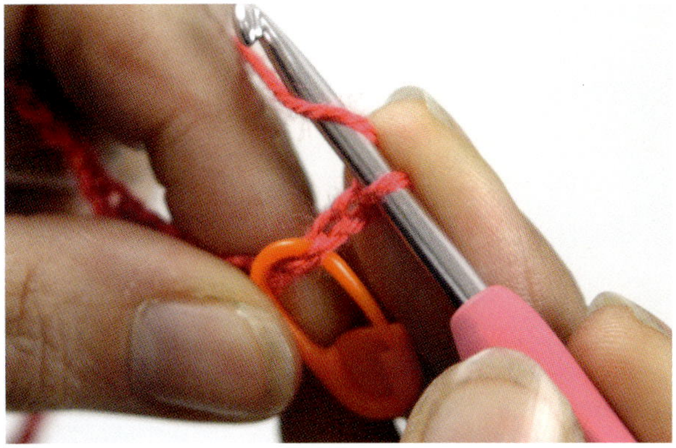

2. Faites un jeté.

3. Piquez votre crochet dans la ml qui suit le marqueur.

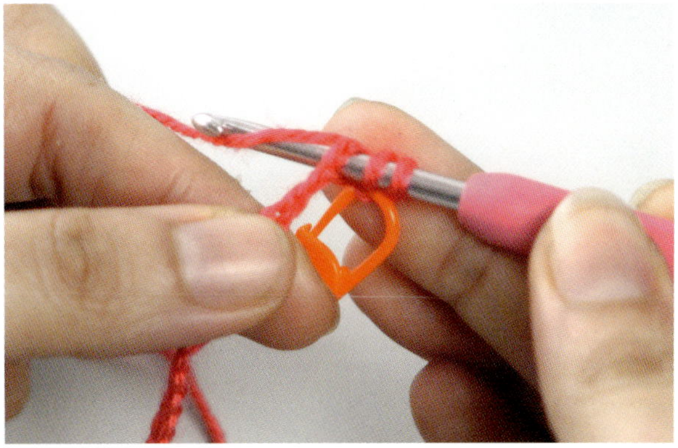

3b. Faites un jeté et passez le fil au travers de la maille.

4. Vous avez maintenant 3 boucles sur votre crochet.

5. Faites un jeté et passez votre fil au travers des 3 boucles sur votre crochet.

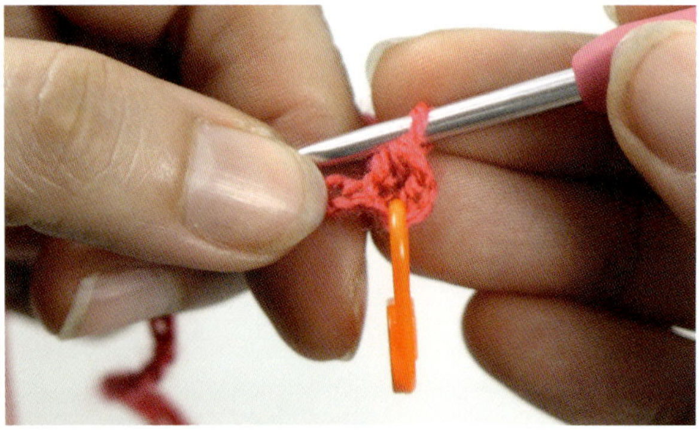

6. Vous venez de faire votre première demi-bride. Faites-en 53 de plus

7. Bravo, vous venez de faire 54 demi-brides !

RANG 3 : Faites 2ml, 54 dbrel puis 15 mailles en l'air. Placez un marqueur sur la dernière ml.

1. Faites 2ml qui compteront comme la 1ère dbrel du rang.

2. Faites un jeté.

3. Piquez votre crochet autour de la demi-bride du rang précédent. Pour le faire correctement, piquez votre crochet entre la 1ère et 2ème db du rang précédent. Maintenant contournez la 2ème db en passant derrière elle et ressortez votre crochet entre la 2ème et 3ème db.

4. Faites un jeté et passez votre fil par derrière la maille.

5. Vous avez à présent 3 boucles sur votre crochet.

6. Faites un jeté et passez votre fil au travers des 3 boucles.

7. Vous avez fait votre première dbrel, continuez pour en faire 53 de plus.

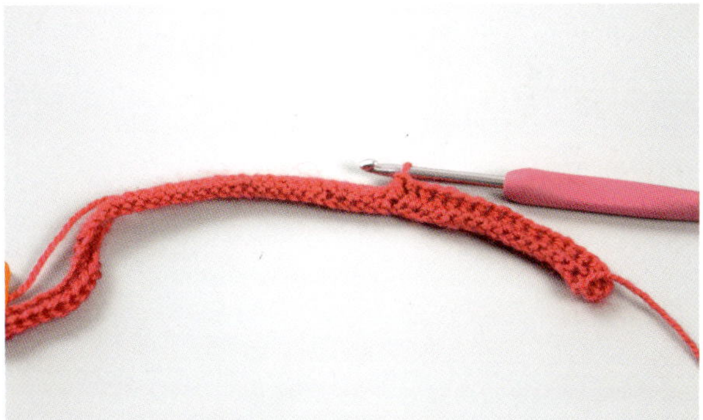

8. En cours de rang voilà ce que vous voyez, le relief se fait sur l'arrière. Vous le verrez en retournant votre ouvrage.

9. Vous avez fait vos 54 dbrel et vous avez rajouté une chainette de 15ml. Posez un nouveau marqueur sur la dernière ml.

RANG 4 : Faites 2ml puis 67 db en commençant sur la maille qui suit le marqueur.

1. Faites des demi-brides sur les 15ml comme au rang 2. C'est un rang facile, des demi-brides jusqu'au bout.

2. Voilà le rang de demi-brides est terminé et vous voyez bien le relief que les dbrel ont formé au rang précédent.

RANG 5 : Faites 2ml puis 67 dbrel.

1. Faites 2ml qui compteront comme 1ère dbrel du rang.

2. Faites un jeté.

3. Piquez votre crochet entre les deux db du rang précédent et contournez la db par l'arrière.

4. Vous avez contourné la demi-bride par l'arrière et votre crochet ressort sur la gauche de la db.

5. Faites un jeté et passez le fil par derrière la maille.

6. Vous avez maintenant 3 boucles sur votre crochet.

7. Faites un jeté et passez votre fil au travers des 3 boucles.

8. Bravo, vous venez de faire une nouvelle dbrel ! Continuez jusqu'au bout du rang. (65 dbrel de plus)

9. Voilà, votre 5ème rang est terminé !

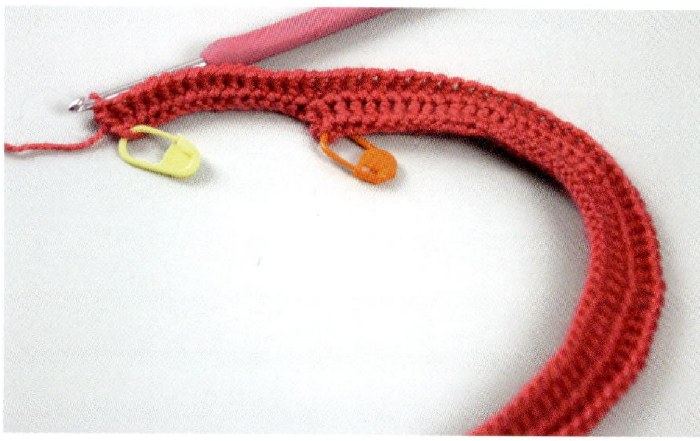

RANG 6 : Faites 2ml puis 67 db.

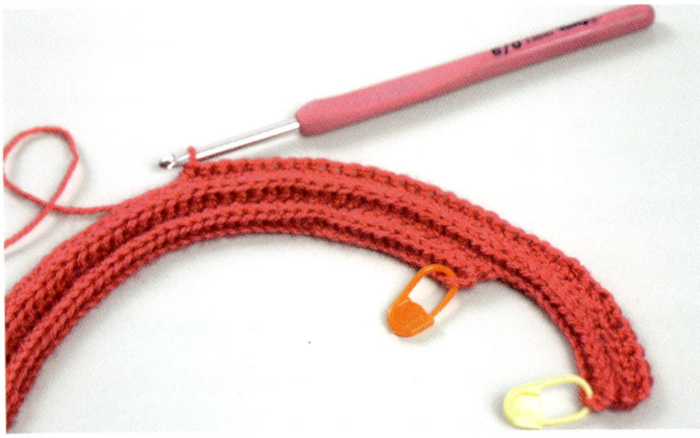

1. Plus besoin d'explications pour les demi-brides, faites-en un rang entier.

RANG 7 : Faites 2ml, 58 dbrel, 5ml, sautez 5 db puis faites 4 dbrel.

1. Une fois que vous avez fait vos 2ml et vos 58 dbrel, vous allez commencer la boutonnière.

2. Faites un jeté et passez votre fil au travers de la boucle qui se trouve sur votre crochet pour former votre 1ère ml. Faites-en 4 de plus.

3. Vous avez fait vos 5ml. Comptez 5db que vous allez laisser vides et repérez maintenant la maille dans laquelle vous allez crocheter une dbrel pour terminer la boutonnière.

4. Vous avez fait la dbrel qui ferme votre boutonnière. Faites-en 3 de plus.

5. Bravo, vous venez de terminer votre rang et vous pouvez voir votre jolie boutonnière.

RANG 8 : faites 2ml puis 3db, 5db sur les ml pour former la boutonnière, 58db.

1. Vous avez fait vos 2ml et vos 3db. Faites à présent un jeté.

2. Passez votre crochet dans la boutonnière.

3. Faites un jeté et ramenez le fil en passant sous la boutonnière.

4. Vous avez à présent 3 boucles sur votre crochet.

5. Faites un jeté et passez votre fil au travers des 3 boucles.

6. Vous venez de faire un db autour des ml de la boutonnière. Faites-en 4 de plus .

7. Voilà, votre boutonnière est cette fois vraiment terminée. Continuez à faire des demi-brides jusqu'au bout du rang.

8. Votre 8ème rang est terminé.

RANG 9 : Faites 2ml, 67 dbrel.

RANG 10 : Faites 2ml puis 67 db.

RANG 11 : Faites 2ml puis 67 dbrel.

Voilà ce que vous devez obtenir après avoir terminé votre 11ème rang.

RANG 12 : faites 1ml, 15 mailles coulées, 2ml, 54 db.

1. Vous avez retourné votre travail et pour ce nouveau rang, faites une seule ml !

2. Piquez votre crochet dans la 1ère db du rang précédent.

3. Faites un jeté et passez votre fil au travers de la maille et de la boucle sur votre crochet et de la boucle sur votre crochet pour votre 1ère mc..

4. Faites 14 mc de plus.

5. Faites 2ml qui vont compter comme la première db du rang.

6. Faites un jeté.

7. Piquez votre crochet dans la maille suivante.

8. Faites un jeté et passez votre fil au travers de la maille.

9. Vous avez à présent 3 boucles sur votre crochet.

10. Faites un jeté et passez votre fil au travers des 3 boucles. Continuez les demi-brides jusqu'à la fin du rang.

RANG 13 : Faites 2ml puis 54 dbrel.

Votre dernier rang de dbrel est terminé.

PAS À PAS

RANG 14 : Faites 1ml puis 54 mc.

1. Après avoir fait 1ml, piquez votre crochet dans la première dbrel du rang précédent.

2. Faites un jeté et passez votre fil au travers de la maille et de la boucle sur votre crochet.
Continuez à faire des mailles coulées jusqu'au bout du rang.

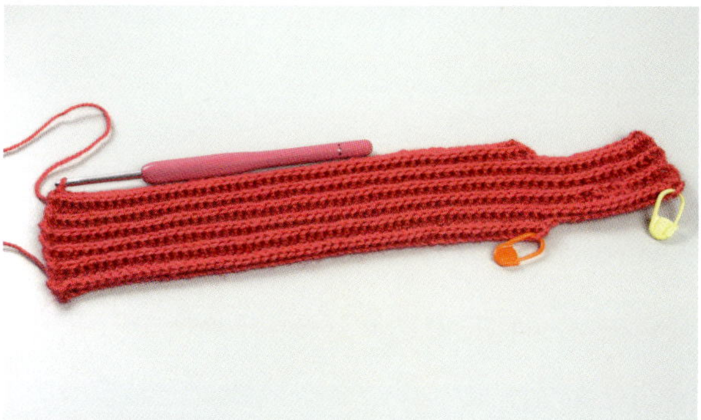

3. La partie crochet de votre cosy mug est terminée, bravo ! Vous allez, maintenant, passer aux finitions.

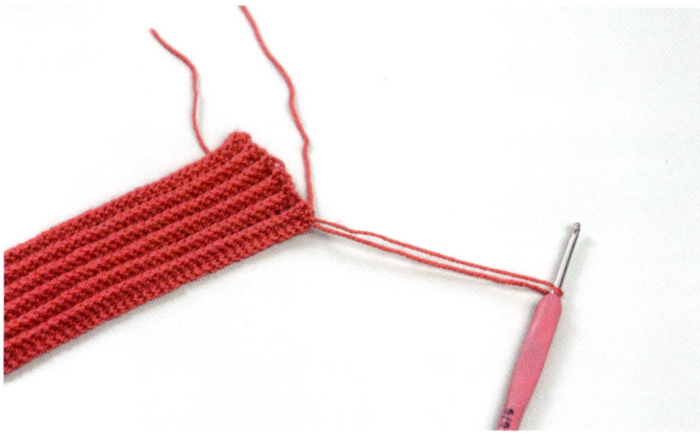

4. Tirez le fil et coupez-le à 15 cm.

5. Coupez le fil à 15 cm.

6. À l'aide de votre aiguille à laine, passez votre fil dans l'arrière des mailles le plus discrètement possible. Passez votre aiguille dans 5-6 mailles.

7. Coupez le surplus à ras de la dernière maille dans laquelle vous êtes passé.

8. Choisissez votre bouton et cousez-le sur votre cosy mug. Coupez un brin de fil de 20 cm pour coudre le bouton que vous venez de choisir.

9. Posez votre cosy mug sur le mug de votre choix, la boutonnière doit être sur le dessus. Tirez bien sur la partie de la boutonnière pour que le cosy mug soit bien tendu et que vous puissiez définir la bonne place de votre bouton.

10. Piquez votre aiguille au centre de la boutonnière, c'est à cet endroit que vous allez coudre votre bouton.

11. Soulevez délicatement la partie boutonnière pour ne pas retirer l'aiguille de là où vous l'avez piquée. Avec votre doigt, appuyez là où vous allez coudre votre bouton, retirez l'aiguille et passez-la à présent par l'envers de votre cosy mug.

12. Cousez le bouton en ayant pris soin de laisser un bout de fil de 5 cm sur l'envers.

13. Lorsque vous aurez cousu votre bouton, retirez l'aiguille et nouez les deux brins de fils. Rentrez les fils discrètement dans l'arrière des mailles et coupez le surplus à ras de la dernière maille. Votre cosy mug est terminé, vous pouvez maintenant vous préparer un bon thé bien chaud sans risquer de vous brûler les mains.

Le petit cabas

FOURNITURES

3 pelotes de « coton satiné » Fushia

1 pelote de « coton satiné » blanc

Crochet n° 4

5 Marqueurs de rang

Aiguille à laine

APPRENDRE LES MAILLES EN CROCHETANT UN PETIT CABAS

POINTS UTILISÉS

ch	Chaînette
ml	Maille en l'air
ms	Bride
mc	Maille coulée
B	Bride
...	Répétez ce qui se trouve entre les astérisques autant de fois que demandé.
[...]	Crochetez ce qui se trouve entre les crochets dans la même maille.

SCHÉMA DES MAILLES À APPRENDRE

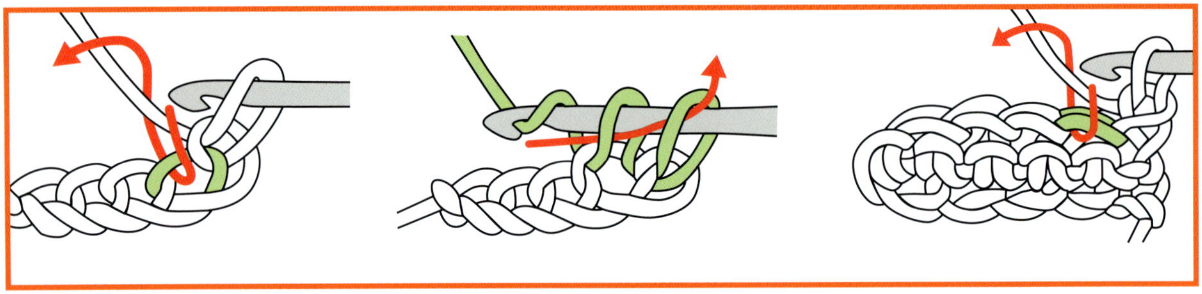

La maille serrée (ms)

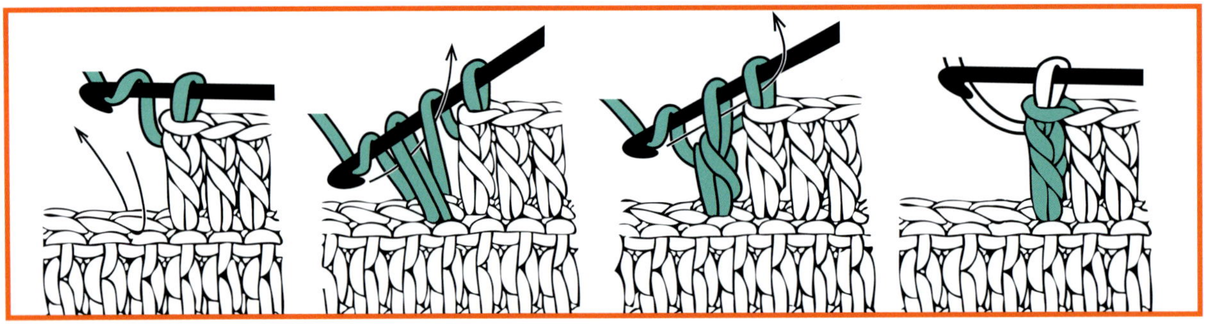

La bride (B)

PAS À PAS

RANG 1 : Faites une ch. de 59 mailles en l'air, (posez un marqueur sur la 59ème ml) + 1 ml pour tourner.

RANG 2 : Faites 57 mailles serrées (1 sur chaque ml), [3ms], 57 ms, [3ms].

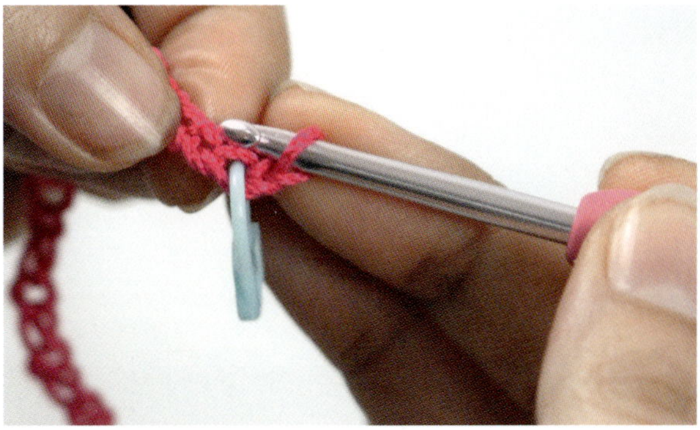

1. Piquez votre crochet dans la maille qui suit votre marqueur de rang.

2. Faites un jeté et passez le fil au travers de la maille.

3. Vous avez maintenant 2 boucles sur votre crochet.

4. Faites un jeté et passez votre fil au travers des deux boucles.

PAS À PAS

5. Vous avez fait votre première maille serrée. Faites-en 56 de plus pour arriver jusqu'à l'avant dernière maille en l'air.

6. Vous avez crocheté 57 ms. Dans la dernière maille en l'air vous allez crocheter 3 ms.

7. Vous avez crocheté les 3ms dans la dernière maille en l'air. Votre ouvrage a naturellement tourné et à présent vous allez crocheter les ms en piquant votre crochet dans les brins des mailles en l'air qui se trouve en dessous des 57 ms crochetées.

8. Voilà ce que vous devez obtenir. Continuez jusqu'au bout.

9. Vous avez crocheté 57ms de ce côté de la chainette aussi, maintenant vous allez crocheter 3ms dans la maille où se trouve votre marqueur.

10. Maintenant que vous avez crocheté vos 3ms, vous allez déplacer votre marqueur sur la dernière maille que vous venez de faire.

11. Voilà ce que vous devez obtenir une fois que votre marqueur est déplacé. Vous venez de terminer votre rang.

RANG 3-5 (3 RGS) : Faites 1ms sur chaque ms du rang précédent.

RANG 6 : Faites 1ms sur chaque ms du rang précédent, fermez par une mc.

1. Vos rangs de mailles serrées sont terminés, vous allez maintenant faire une maille coulée avant d'entamer les rangs de brides.

2. Piquez votre crochet dans la maille suivante.

3. Faites un jeté et passez votre fil au travers de la maille et de la boucle qui se trouve sur votre crochet.

4. Voilà, votre maille coulée est faite.

5. Faites un jeté puis passez le fil au travers de la boucle que vous avez sur le crochet. Vous avez fait votre première ml, faites-en 2 de plus.

6. Vous avez fait les 3 mailles en l'air qui vont compter comme la 1ère bride du rang. Si vous le souhaitez, pour plus de facilité, placez un marqueur sur la 3ème ml.

7. Faites un jeté.

8. Piquez votre crochet dans la même maille où vous avez fait les 3ml.

9. Faites un jeté et passez votre fil au travers de la maille.

10. Vous avez à présent 3 boucles sur votre crochet.

11. Faites un jeté et passez le fil au travers des deux premières boucles.

12. Il vous reste 2 boucles sur votre crochet.

13. Faites un jeté et passez votre fil au travers des deux dernières boucles.

14. Vous avez maintenant 2 brides crochetées dans une même maille. Faites-en une de plus.

15. Vous avez fait un premier bloc de trois brides.

16. Faites un jeté.

17. Comptez 3 mailles que vous allez laisser vides et repérez la 4ème, c'est là que vous allez piquer votre crochet.

18. Piquez votre crochet dans la maille repérée.

19. Faites un jeté et passez votre fil au travers de la maille.

20. Vous avez 3 boucles sur votre crochet.

21. Faites un jeté et passez votre fil au travers des deux premières boucles.

22. Il vous reste 2 boucles sur votre crochet.

23. Faites un jeté et passez votre fil au travers des deux dernières boucles.

24. Vous venez de faire la 1ère bride du deuxième bloc de 3. Faites 2 brides de plus dans la même maille pour terminer le bloc de 3 brides.

25. Voilà, votre deuxième bloc de 3 brides est terminé. Vous pouvez voir l'arceau fait en sautant les 3 ms.

26. Continuez à faire des blocs de 3 brides séparés par des arceaux (en sautant 3ms) jusqu'au bout du rang.

27. Vous avez terminé votre rang, vous devez à présent le fermer en faisant une mc.

28. Piquez votre crochet dans la 3ème ml faite au tout début, celle où vous avez mis votre marqueur de rang.

29. Faites un jeté et passez votre fil au travers de la maille et de la boucle que vous avez sur votre crochet.

30. Votre rang est fermé. C'est parti pour le rang suivant !

RANG 8 : Faites 3ml qui compteront comme première bride, sautez 3B *[3B], sautez 3B* x 29, sautez 3B [2B (dans la même maille que les 3ml)]. Fermez par une mc en préparant le changement de couleur du rang suivant.

1. Faites un jeté et passez le fil au travers de la boucle sur le crochet pour faire une maille en l'air. Faites 2ml supplémentaires.

2. Vous avez fait 3 mailles en l'air qui vont compter comme dernière bride de ce rang. Placez votre marqueur sur la 3ème.

Note : Vous voyez que vos 3ml se trouvent tout à droite d'un bloc de 3 brides (le sens de lecture au crochet est de droite à gauche), c'est pour cette raison que, cette fois, les 3ml compteront comme la dernière bride du rang. Un rang sur deux sera fait de cette manière.

3. Faites un jeté.

4. Repérez l'arceau formé par le saut de 3ms au rang précédent.

5. Piquez votre crochet dans l'arceau.

6. Faites un jeté et passez votre fil au travers de l'arceau.

7. Vous avez maintenant 3 boucles sur votre crochet.

8. Faites un jeté et passez votre fil au travers des deux premières boucles.

9. Il vous reste deux boucles sur votre crochet.

10. Faites un jeté et passez votre fil dans les deux dernières boucles.

11. Vous avez fait la première bride de ce bloc, faites-en 2 de plus.

12. Vous avez fait un bloc de 3 brides.

13. Continuez comme ça jusqu'au bout du rang.

14. Dans le dernier arceau du rang, il n'y a qu'une bride (les 3ml du début), vous allez donc devoir faire 2 brides de plus.

15. Vos deux brides sont faites, vous avez donc 3 brides dans cet arceau. Il faut maintenant fermer le rang par une mc.

16. Piquez votre crochet dans la 3ème ml, celle où se trouve votre marqueur.

17. Faites un jeté avec votre fil blanc et passez le fil blanc au travers de la maille et de la boucle qui est sur votre crochet.

18. À présent que votre maille coulée pour fermer le rang est faite, la boucle sur votre crochet est blanche. *Note : Vous pouvez nouez les deux extrémités de fil (la rose et la blanche) au dos de l'ouvrage, vous rentrerez les fils plus tard, lors des finitions.*

RANG 9 : En blanc : [3ml, 2B], sautez 3B, *[3B], sautez 3B* x 29.
Fermez par une mc dans la 3ème ml du début du rang en préparant le changement de couleur avec le fil rose.

1. Faites 3ml qui compteront comme votre 1ère bride du rang.

2. Faites un jeté.

3. Piquez votre crochet dans l'arceau à la base de vos 3ml.

4. Faites un jeté et passez votre fil au travers de l'arceau.

5. Vous avez à présent 3 boucles sur votre crochet.

6. Faites un jeté et passez votre fil dans les 2 premières boucles.

7. Il vous ne vous reste plus que 2 boucles sur votre crochet.

8. Faites un jeté et passez votre fil au travers des deux dernières boucles.

9. Vous avez deux brides dans l'arceau, faites-en une de plus pour terminer le bloc de 3.

10. Votre bloc de 3 brides est terminé.

11. Continuez jusqu'au bout du rang.

12. Piquez votre crochet dans la 3ème ml du début.

13. Faites un jeté avec le fil rose et passez le fil au travers de la maille et de la boucle sur votre crochet.

14. Votre maille coulée est faite, le rang est fermé. C'est parti pour les rangs suivants.

RANGS 10-22 (13 RGS) : En rose : Répétez les rangs 8-9 (sans faire de changement de couleur à la fin).

RANGS 23 : [3ml, 2B], sautez 3B, *[3B], sautez 3B* x 29. Fermez par une mc dans la 3ème ml du début du rang en préparant le changement de couleur avec le fil blanc.

RANG 24 : En blanc : Faites 3ml qui compteront comme première bride, sautez 3B *[3B], sautez 3B* x 29, sautez 3B [2B (dans la même maille que les 3ml)]. Fermez par une mc en préparant le changement de couleur du rang suivant avec le fil rose.

RANG 25 : En rose : [3ml, 2B], sautez 3B, *[3B], sautez 3B* x 29. Fermez par une mc dans la 3ème ml du début du rang en préparant le changement de couleur avec le fil blanc.

RANG 26 : En blanc : Faites 3ml qui compteront comme première bride, sautez 3B *[3B], sautez 3B* x 29, sautez 3B [2B (dans la même maille que les 3ml)]. Fermez par une mc en préparant le changement de couleur du rang suivant avec le fil rose. Faites 1 ml pour débuter le rang 27 qui sera fait en mailles serrées.

1. Vous arrivez au bout du rang 26, piquez votre crochet dans la 3ème ml du début du rang.

2. Faites un jeté avec le fil rose et passez votre fil au travers de la maille et de la boucle sur votre crochet.

3. Faites un jeté et passez votre fil dans la boucle sur votre crochet pour faire une maille en l'air.

4. Votre maille en l'air est faite, vous allez pouvoir commencer le rang 27 !

RANG 27 : Posez votre cabas bien à plat sur votre table pour que vous puissiez bien repérer toute la surface de la face avant. Comptez 15 mailles depuis la gauche et placez un marqueur. Comptez à présent 15 mailles depuis la droite et posez un marqueur. Retournez votre cabas et faites la même chose pour la face arrière.

1. Comptez 15 mailles depuis la gauche et posez un marqueur. Comptez 15 mailles depuis la droite et posez un deuxième marqueur.

2. Retournez votre cabas et faites la même chose. 15 mailles depuis la gauche, posez un marqueur. 15 mailles depuis la droite, posez un marqueur.

3. Si vous avez bien compté, vos marqueurs doivent se trouver l'un par-dessus l'autre des deux côtés.

RANG 28 :

Faites des ms sur chaque B du rang précédent jusqu'à la maille où se trouve votre premier marqueur. De cette maille, vous allez faire 45 mailles en l'air pour former l'anse. Piquez votre crochet dans la maille où se trouve votre 2ème marqueur et faites une maille serrée. Faites des ms sur chaque B du rang précédent jusqu'à la maille où se trouve votre 3ème marqueur. Faites à nouveau 45 mailles en l'air pour former la 2ème anse et piquez votre crochet dans la maille où se trouve votre 4ème marqueur pour faire une ms. Terminez le rang en faisant les dernières mailles serrées.

1. Piquez votre crochet dans la maille suivante .

2. Faites un jeté et passez le fil au travers de la maille.

3. Vous avez deux boucles sur votre crochet.

4. Faites un jeté et passez votre fil au travers des deux boucles.

5. Vous avez fait votre première maille serrée du rang. Continuez à faire des mailles serrées jusqu'au 1er marqueur.

6. Vous êtes arrivé(e) au 1er marqueur. Vous allez, à présent, faire l'anse en crochetant des mailles en l'air.

7. Faites un jeté et passez votre fil dans la boucle qui se trouve sur votre crochet pour faire votre première ml.

8. Faites 44 mailles en l'air de plus pour former le début de l'anse.

9. Piquez votre crochet dans la maille où se trouve votre 2ème marqueur.

10. Faites un jeté et passez votre fil au travers de la maille.

11. Vous avez deux boucles sur votre crochet.

12. Faites un jeté et passez votre fil au travers des deux boucles.

13. Votre 1ère anse est à présent fixée par une ms.

14. Continuez à crocheter des mailles serrées jusqu'à la maille où se trouve votre 3ème marqueur.

15. Crochetez 45ml pour former votre 2ème anse.

16. Piquez votre crochet dans la maille où se trouve votre 4ème marqueur.

17. Faites un jeté et passez le fil au travers de la maille.

18. Vous avez à présent 2 boucles sur votre crochet.

19. Faites un jeté et passez votre fil au travers des deux boucles.

20. Votre 2ème anse est maintenant fixée elle aussi.

21. Continuez à crocheter des mailles serrées jusqu'à la fin du rang.

RANG 29 : Faites 150ms (1ms sur chaque ms du rang précédent et 45ms sur chaque anse faite avec des ml.

1. Faites une première ms et posez un marqueur de rang pour pouvoir compter les mailles plus facilement.

2. Faites des mailles serrées sur chaque maille serrée du rang précédent jusqu'à ce que vous arriviez à l'anse.

3. Piquez votre crochet en dessous de l'anse.

4. Faites un jeté et ramenez le fil vers vous en le passant en dessous de l'anse.

5. Vous avez maintenant 2 boucles sur votre crochet.

6. Faites un jeté et passez le fil au travers des deux boucles sur votre crochet.

7. Vous avez fait votre première maille serrée autour des ml de l'anse. Faites-en 44 de plus.

Note : Vous pourrez faire glisser les mailles serrées par la suite pour les espacer correctement sur l'anse.

8. Vous avez fait vos 45ms autour des 45ml de l'anse. Vérifiez leur espacement et faites-les glisser pour arriver bien au bout de l'anse.

PAS À PAS

9. Piquez votre crochet dans la prochaine ms du rang précédent.

10. Faites un jeté et passez votre fil au travers de la maille.

11. Vous avez deux boucles sur votre crochet.

12. Faites un jeté et passez le fil au travers des deux boucles.

13. Vous avez fait la maille serrée de jonction entre l'anse et le cabas.
Répétez l'opération pour arriver au bout du rang.

RANGS 30-33 (4 RGS) : Faites 1ms sur chaque ms du rang précédent.

RANG 34 : Faites 1ms sur chaque ms du rang précédent et fermez par une mc puis faites une fermeture invisible.

1. Vous avez terminé vos rangs de mailles serrées.

2. Vous allez piquer votre crochet dans la maille où se trouve votre marqueur, retirez-le pour que ce soit plus facile.

3. Piquez votre crochet dans la maille où se trouvait votre marqueur.

4. Faites un jeté et passez le fil au travers de la maille et de la boucle sur votre crochet.

5. Vous avez fait la maille coulée. Pour une plus jolie finition, vous allez faire une fermeture invisible.

6. Tirez le fil et coupez-le à 15 cm.

7. Enfilez votre fil dans une aiguille à laine.

8. Piquez votre aiguille dans la deuxième maille après votre mc.

9. Piquez votre aiguille dans la maille coulée pour terminer de former la maille de finition.

10. Vous ne voyez pas de différence entre la maille que vous venez de former à l'aiguille et les mailles crochetées.

Finitions : C'est maintenant le moment des finitions. Retournez votre cabas pour rentrer tous les fils.

11. Votre cabas est sur l'envers et vous voyez tous les fils à rentrer.

12. Enfilez votre fil dans l'aiguille et piquez dans les brins arrière des mailles, il faut vraiment faire attention de ne pas prendre un brin avant pour que le fil ne se voit pas sur le devant du sac une fois que vous le retournerez.

13. Une fois que vous avez passé votre fil dans plusieurs mailles, coupez le surplus à ras.

14. Voilà, vous avez rentré tous les fils !

15. Retournez votre cabas et voilà il est terminé ! Prêt pour aller au marché acheter quelques fruits ou transporter vos pelotes pour de futurs encours.

Les petits cadres

FOURNITURES

1 pelote de « coton fifty » bengale

1 pelote de « coton fifty » turquoise

1 pelote de « coton fifty » squale

Crochet n° 3

Marqueurs de rang

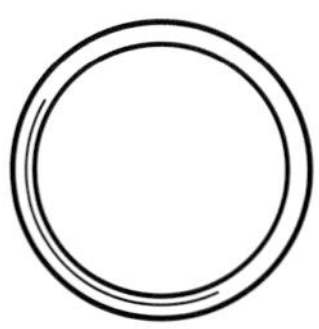

Anneau de fil de fer de 10 cm

Aiguille à laine

APPRENDRE LE POINT ÉVENTAIL EN CROCHETANT DES PETITS CADRES

POINTS UTILISÉS

ml	Maille en l'air
ms	Maille Serrée
mc	Maille coulée
B	Bride

▶ Le point éventail est formé par un groupe de 5 brides crochetées dans la même maille. À intervalles réguliers une maille serrée est crochetée pour donner la forme bien arrondie au bloc de brides.

SCHÉMA DU POINT À APPRENDRE :

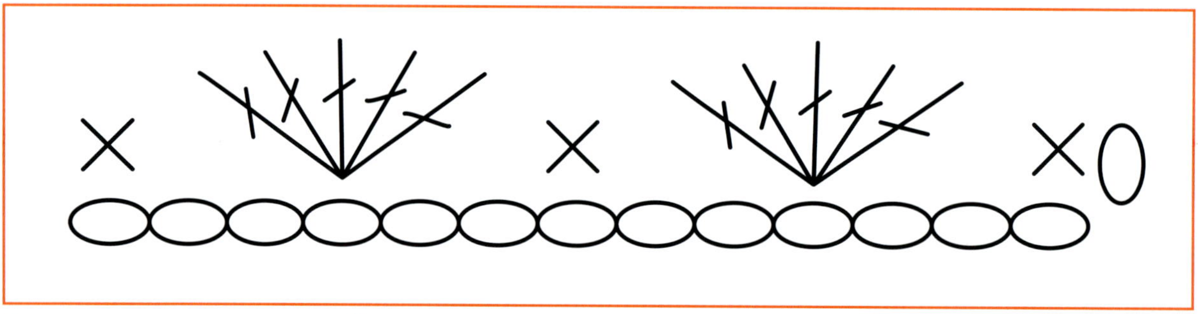

Le point éventail

PAS À PAS

RANG 1 : Crochetez des mailles serrées tout autour de l'anneau de fil de fer. Vous devez avoir un total de mailles qui soit un multiple de 6 +1 maille pour terminer. (exemple 120+1)

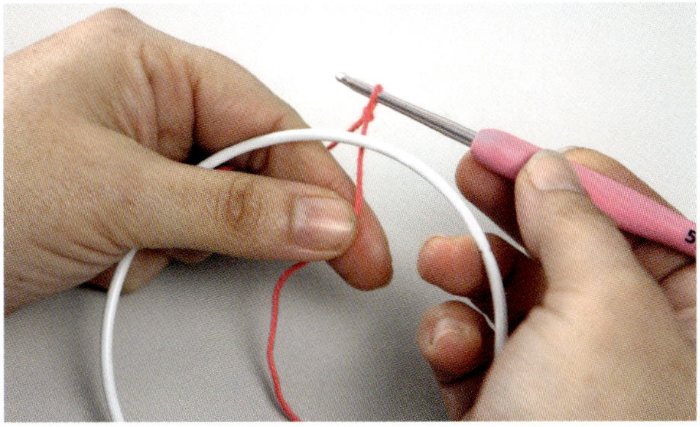

1. Faites un nœud coulant et présentez-le derrière votre anneau de fil de fer.

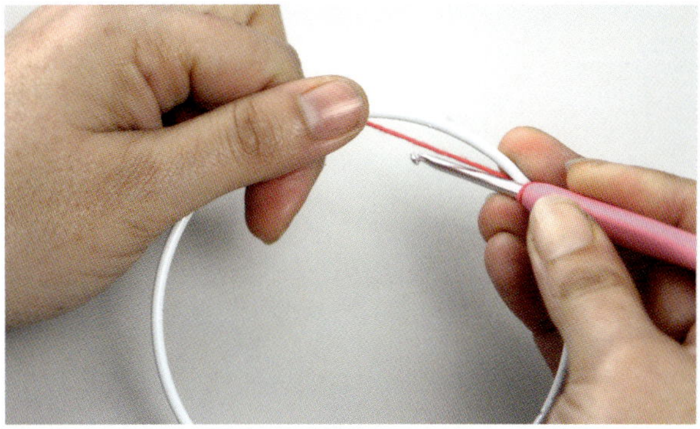

2. Plongez votre crochet à l'intérieur de l'anneau pour aller chercher le fil de pelote.

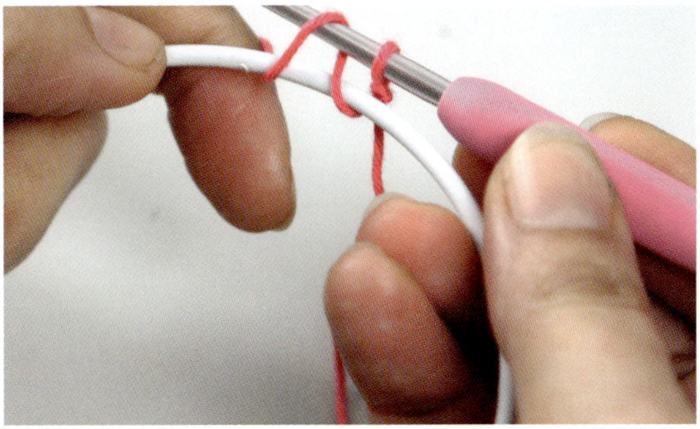

3. Ramenez le fil de pelote sur le devant. Vous avez maintenant deux boucles sur votre crochet et l'anneau est pris entre les deux.

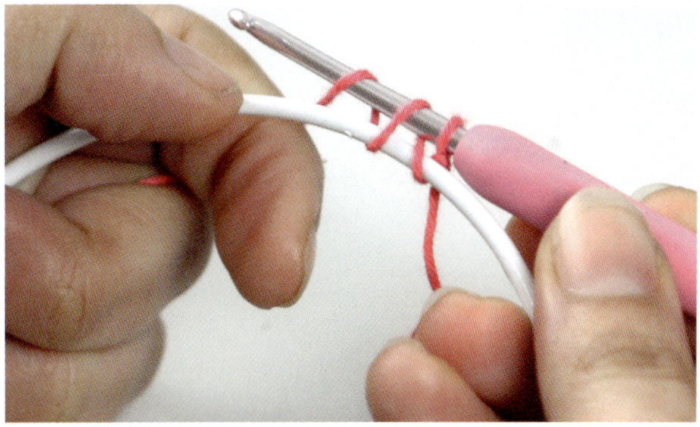

4. Faites un jeté et passez le fil au travers des deux boucles sur le crochet.

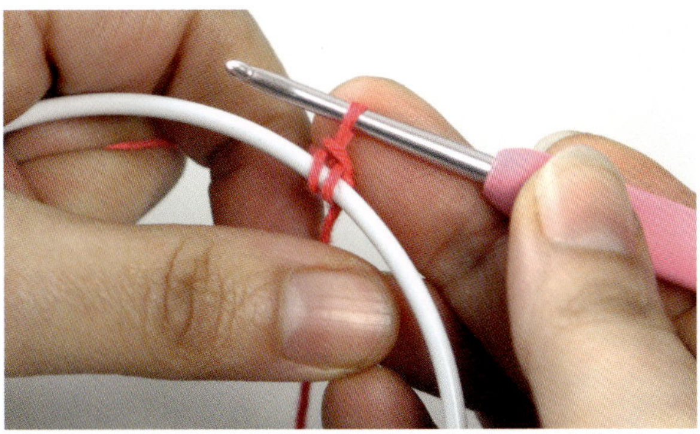

5. Vous venez de faire votre première maille serrée autour de l'anneau.

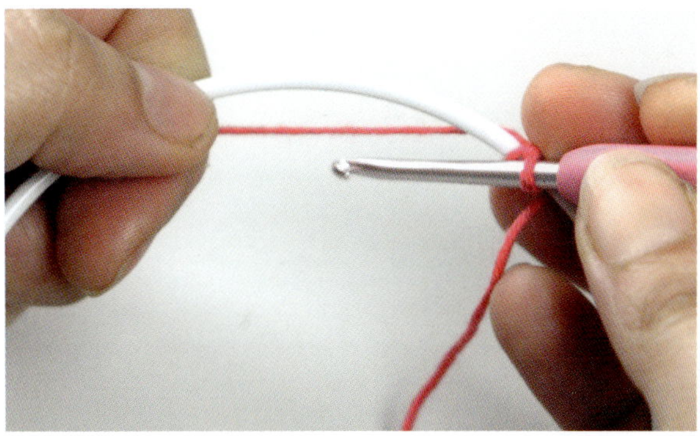

6. Plongez à nouveau votre crochet dans l'anneau pour aller chercher le fil de pelote.

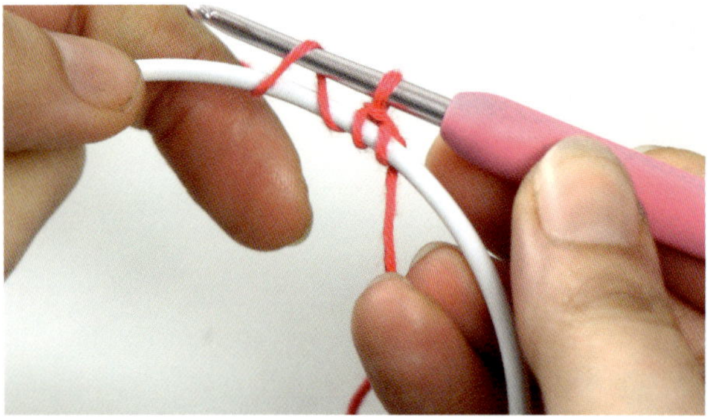

7. Ramenez le fil de pelote sur le devant. Vous avez maintenant deux boucles sur votre crochet et l'anneau est pris entre les deux.

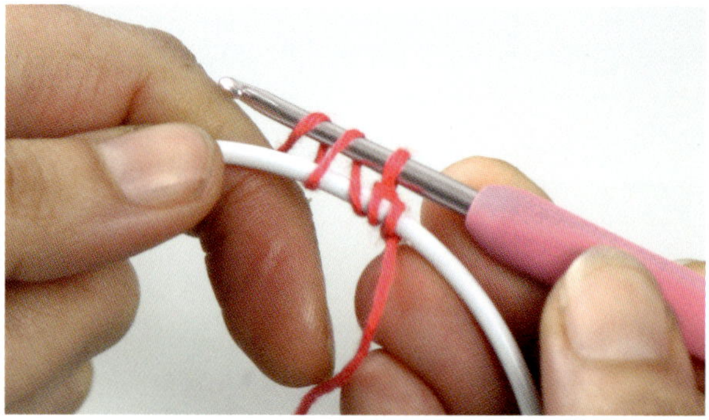

8. Faites un jeté et passez le fil au travers des deux boucles du crochet pour terminer cette deuxième maille serrée. Faites-en 4 de plus pour faire votre premier groupe de 6ms.

9. Vous avez maintenant vos 6 premières ms. Continuez à les faire par 6 pour en avoir le bon nombre à la fin.

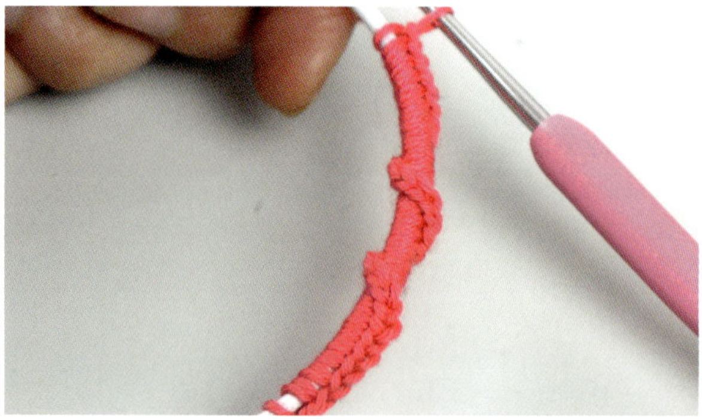

10. Si vous voyez vos mailles serrées tourner autour de l'anneau, pas d'inquiétude, elles se remettront correctement par la suite en les faisant glisser.

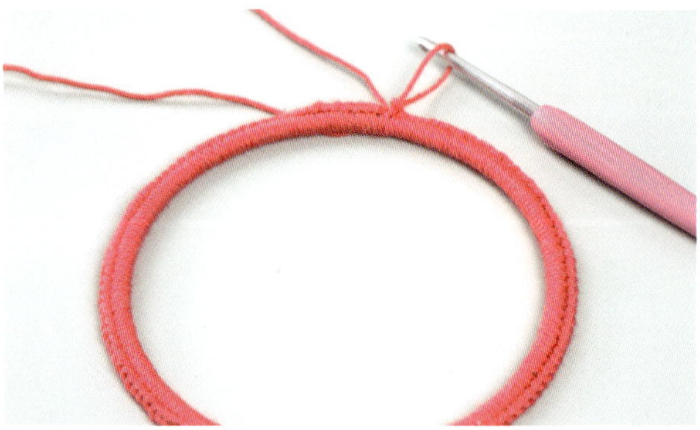

11. Vous avez fait le tour de l'anneau en ms. N'oubliez pas de rajouter une ms de plus. (il faut un multiple de 6 + 1ms)

RANG 2 : Faites 1 maille serrée sur chaque maille serrée du rang précédent et fermez le rang par une mc.

1. Piquez votre crochet sur la première ms du rang précédent.

2. Faites un jeté et passez votre fil au travers de la maille.

3. Vous avez à présent 2 boucles sur votre crochet.

4. Faites un jeté et passez le fil au travers des deux boucles.

5. Vous avez fait la première maille serrée de ce rang. Vous pouvez, si vous le souhaitez, poser un marqueur de rang pour plus de facilité.

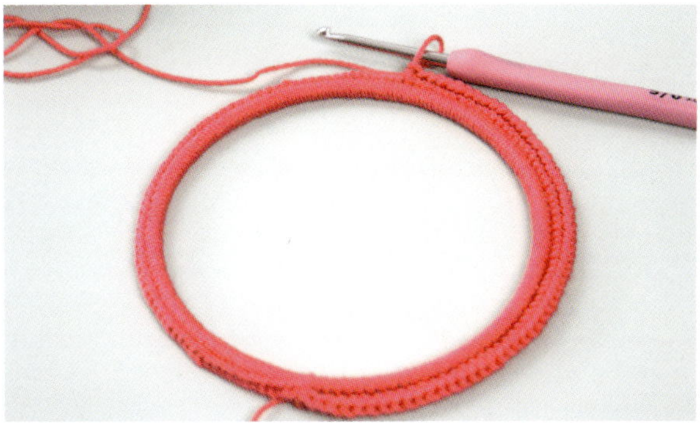

6. Continuez à faire une ms sur chaque ms du rang précédent.

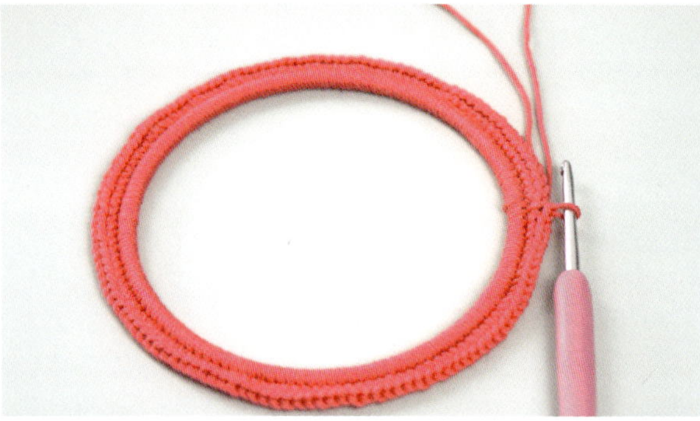

7. Voilà, votre rang de mailles serrées est terminé. Fermez maintenant le rang par une maille coulée.

8. Piquez votre crochet sous la première ms du rang. (celle où vous avez peut-être posé le marqueur)

9. Faites un jeté et passez le fil au travers de la maille et de la boucle sur le crochet.

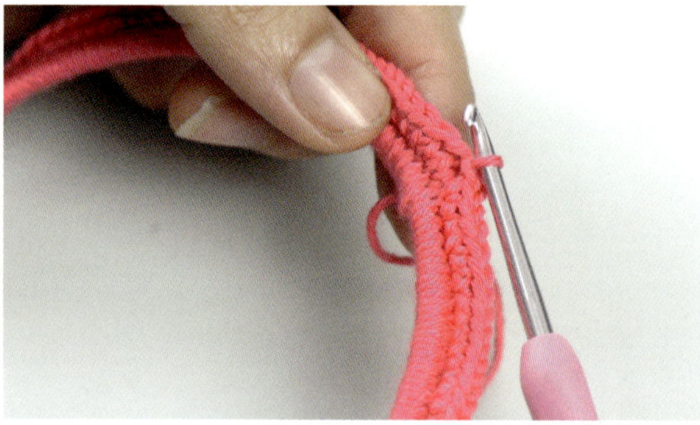

10. Votre rang est entièrement terminé. Bravo !
Note : vous pouvez placer votre marqueur sur la maille coulée pour plus de facilité au rang suivant.

RANG 3 : *2ms, [5B], sautez 2ms, 1ms* à répéter jusqu'au bout du rang.

1. Faites un jeté et comptez 3 mailles en partant de la maille coulée (celle où se trouve peut-être le marqueur).

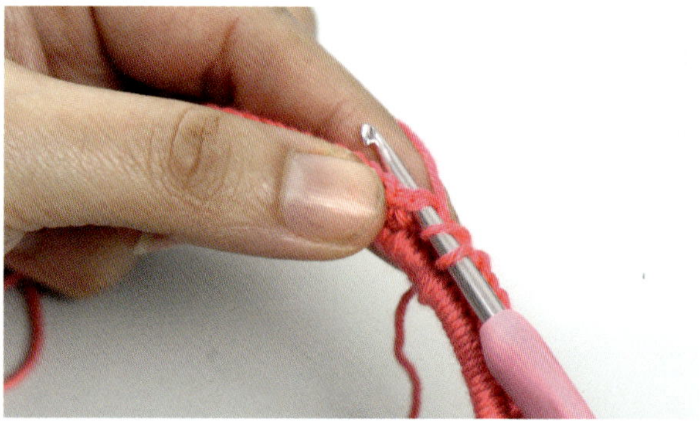

2. Piquez votre crochet dans la 3ème maille que vous avez repérée.

3. Faites un jeté et passez le fil au travers de la maille.

4. Vous avez à présent 3 boucles sur votre crochet.

5. Faites un jeté et passez le fil au travers des deux premières boucles.

6. Il vous reste à présent 2 boucles sur votre crochet.

7. Faites un jeté et passez le fil au travers des deux dernières boucles sur le crochet.

8. Vous avez fait la première bride du point éventail.

9. Faites un jeté.

10. Piquez votre crochet dans la même maille que la bride précédente.

11. Faites un jeté et passez le fil au travers de la maille.

12. Vous avez à présent 3 boucles sur votre crochet.

13. Faites un jeté et passez le fil au travers des deux premières boucles.

14. Il vous reste, à présent, 2 boucles sur votre crochet.

15. Faites un jeté et passez le fil au travers des deux dernières boucles.

16. Vous avez fait la 2ème bride du point éventail. Faites-en 3 de plus.

17. Vous avez crocheté vos 5 brides pour le point éventail.

18. Piquez votre crochet dans la 3ème maille après la maille dans laquelle vous avez piqué toutes vos brides.

19. Faites un jeté et passez le fil au travers de la maille.

20. Vous avez maintenant 2 boucles sur votre crochet.

21. Faites un jeté et passez le fil au travers des deux boucles.

22. Vous avez fait la maille serrée qui termine votre point éventail.

23. Faites un jeté.

24. Sautez 2ms et piquez votre crochet dans la 3ème.

25. Faites un jeté et passez le fil au travers de la maille.

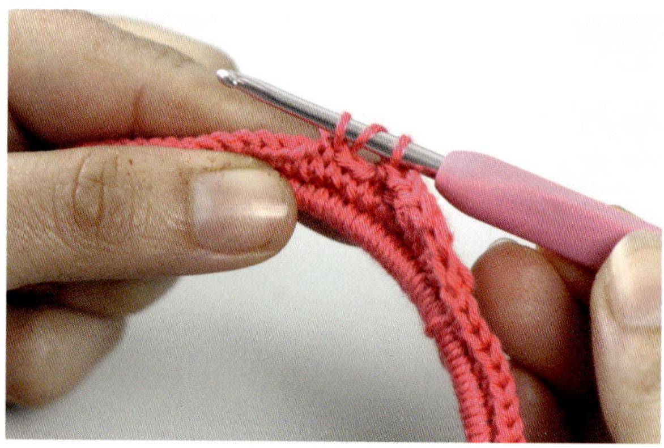

26. Vous avez 3 boucles sur votre crochet.

27. Faites un jeté et passez le fil au travers des deux premières boucles.

28. Il vous reste 2 boucles sur votre crochet.

29. Faites un jeté et passez le fil au travers des deux dernières boucles.

30. Vous venez de faire la première bride de votre 2ème éventail. Faites-en 4 de plus.

31. Vous avez fait les 5 brides.

32. Sautez 2ms et piquez votre crochet dans la 3ème.

33. Faites un jeté et passez le fil au travers de la maille.

34. Vous avez maintenant 2 boucles sur votre crochet.

35. Faites un jeté et passez le fil au travers des deux boucles.

36. Vous venez de terminer votre 2ème éventail.

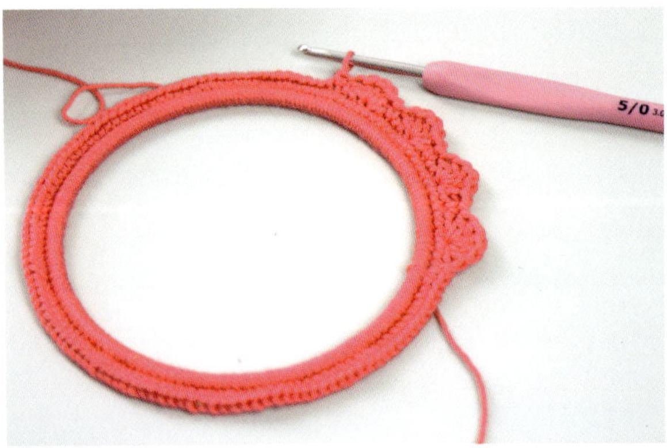

37. Continuez jusqu'à la fin du rang.

38. Votre cadre est terminé. Vous allez maintenant soit faire l'attache, soit continuer avec la variante « cadre double ».

PAS À PAS

RANG 4 : Finitions : Faites une chainette de 10ml et fermez par une maille coulée dans la maille à la base de la chainette.

1. Faites un jeté et passez le fil au travers de la boucle du crochet pour faire une maille en l'air.

2. Faites 10 ml au total.

3. Piquez votre crochet à la base de votre chainette et faites une maille coulée.

4. Tirez le fil.

5. Coupez le fil à 15 cm.

6. À l'aide de votre aiguille à laine, rentrez les fils discrètement dans l'arrière des mailles.

7. Passez le fil dans les mailles serrées autour de l'anneau.

8. Une fois que vous avez passé le fil dans plusieurs mailles, coupez-le à ras.

9. Bravo, vous avez terminé votre petit cadre !

Note : Vous pouvez en refaire de toutes les tailles et avec n'importe quel anneau. Ici le petit cadre vert a été fait avec un bracelet fantaisie.

LA VARIANTE « CADRE DOUBLE » :

Une fois que vous aurez terminé le cadre simple, vous pourrez suivre les instructions ci-après pour continuer vers la variante « cadre double ».

1. Vous venez de faire les 5 dernières brides pour le dernier éventail du cadre. Piquez votre crochet dans la dernière ms du rang précédent pour faire la maille serrée qui termine l'éventail.

2. Faites un jeté et passez le fil au travers de la maille.

3. Vous avez à présent 2 boucles sur votre crochet. Faites un jeté avec la nouvelle couleur et passez le fil au travers des deux boucles pour terminer la maille serrée. Vous pouvez maintenant commencer le nouveau rang.

RANG 1 :

Faites 1 maille serrée sur chaque maille du rang précédent.

4. Piquez votre crochet dans la maille suivante.

5. Faites un jeté et passez le fil au travers de la maille.

6. Vous avez maintenant 2 boucles sur votre crochet.

7. Faites un jeté et passez le fil au travers des deux boucles sur le crochet.

8. Votre première maille serrée est faite.

9. Continuez à faire des mailles serrées sur toutes les mailles du rang précédent.

10. Votre rang est terminé.

RANG 2 : Faites 2mc puis 1mc avec un changement de couleur.
Vous devez arriver au somment de l'éventail, pile au-dessus de la 3ème bride.

1. Piquez votre crochet au sommet de l'éventail pour votre 3ème maille coulée.

2. Faites un jeté avec votre nouvelle couleur et passez le fil au travers de la maille et de la boucle sur votre crochet.

3. Vous pouvez maintenant commencer ce nouveau rang.

RANG 3 : *sautez 2ms, [5B], sautez 2ms, 1ms* à répéter jusqu'au bout du rang.

1. Faites un jeté.

2. Sautez 2ms et piquez votre crochet dans la 3ème.

3. Faites un jeté et passez le fil au travers de la maille.

4. Vous avez maintenant 3 boucles sur votre crochet.

5. Faites un jeté et passez le fil au travers des deux premières boucles.

6. Il vous reste 2 boucles sur votre crochet.

7. Faites un jeté et passez le fil au travers des deux dernières boucles.

8. Vous venez de faire la première bride de votre éventail. Faites-en 4 de plus.

9. Vous avez fait les 5 brides.

10. Sautez 2ms et faites une ms dans la 3ème.

11. Continuez à faire des éventails jusqu'au bout du rang.

12. Bravo, vous avez terminé votre cadre ! Vous pouvez commencer les finitions.

13. Faites une chainette de 10 ml.

14. Piquez votre crochet dans la maille à la base de la chainette et faites une maille coulée.

15. Tirez le fil et coupez-le à 15 cm.

16. Enfilez votre aiguille à laine.

17. Rentrez les fils discrètement dans l'arrière des mailles. Après avoir passé dans plusieurs mailles, coupez le fil à ras.

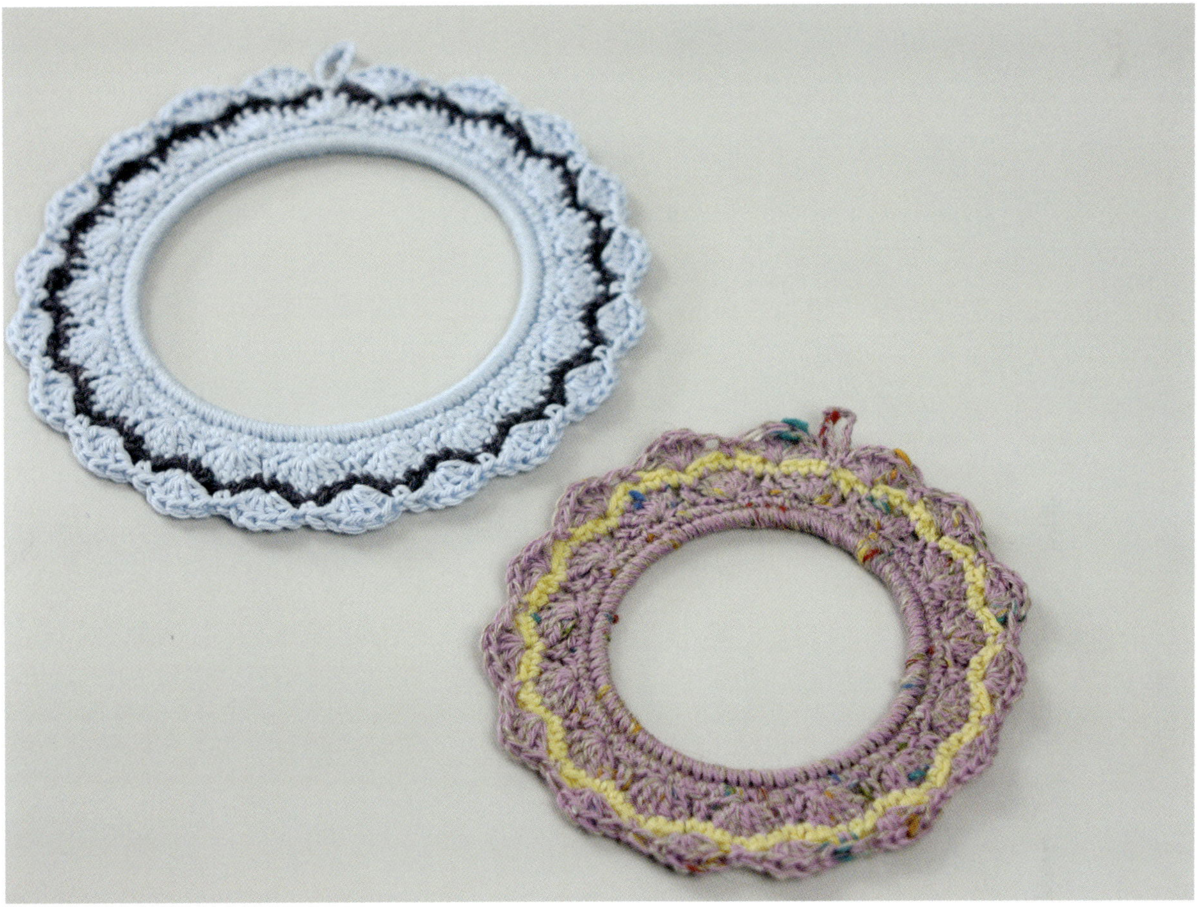

18. Bravo, vous avez terminé votre petit cadre !

Note : Vous pouvez utiliser n'importe quel anneau du moment qu'il soit rigide.
Utilisez toujours la formule « multiple de 6 +1 » pour avoir le bon nombre de mailles au départ.

Idée déco

- Vous pouvez coudre une image, une photo, un dessin au cadre. Je vous conseille d'utiliser une image rigidifiée soit par une plastification, soit par une impression sur papier cartonné.
- Une fois l'image choisie, découpez-la au diamètre de votre anneau + 5 mm tout autour et faites des trous au poinçon tous les centimètres. Vous pouvez maintenant coudre l'image au dos du cadre à l'aide d'une aiguille et d'un fil à coudre de couleur assortie.

LE BONNET

FOURNITURES POUR LE BONNET

1 pelote « Éclair » royal

Crochet n° 5

Aiguille à laine

FOURNITURES POUR LES FLEURS

1 pelote « Calinou » Litchi

1 pelote « Paradou » banane

Crochet n° 3

Aiguille à laine

POINTS UTILISÉS

cm	Cercle magique
ml	Maille en l'air
B	Bride
mc	Maille coulée
Augm	Augm
Dim	Dim
...	Répétez ce qui se trouve entre les astérisques autant de fois que demandé.
(12)	À la fin d'un rang vous verrez un chiffre/nombre entre parenthèses, il s'agit du nombre total de mailles du rang.

SCHÉMA DES MAILLES À APPRENDRE

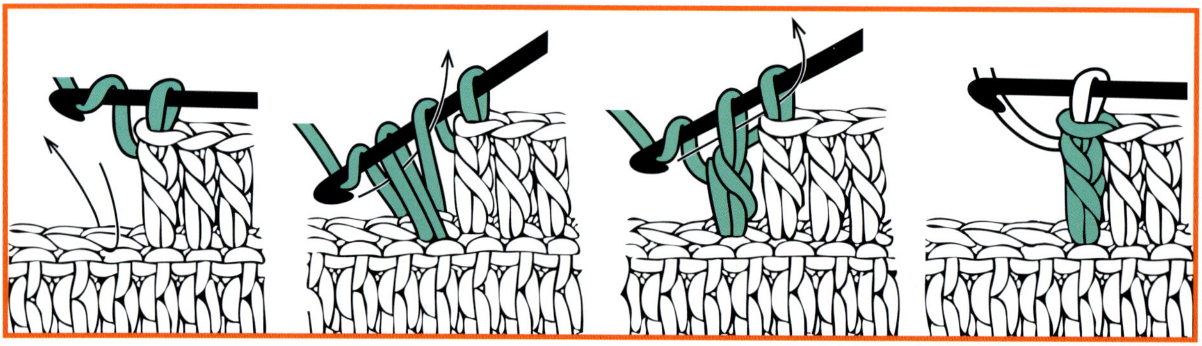

Bride (B)

APPRENDRE LES BRIDES EN CROCHETANT UN BONNET

Avec la pelote éclair, faites un cercle magique.

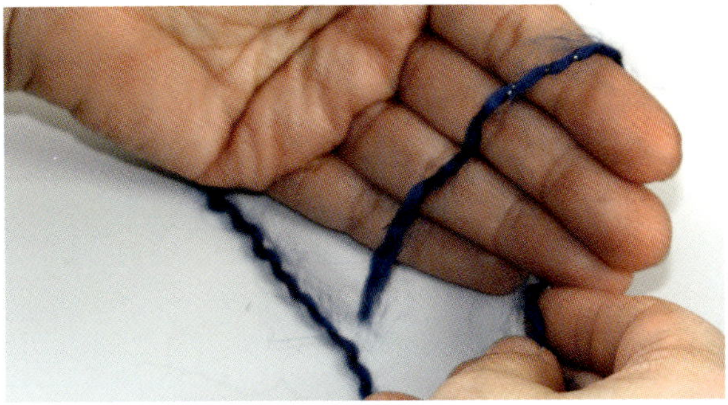

1. Posez votre fil sur vos doigts.

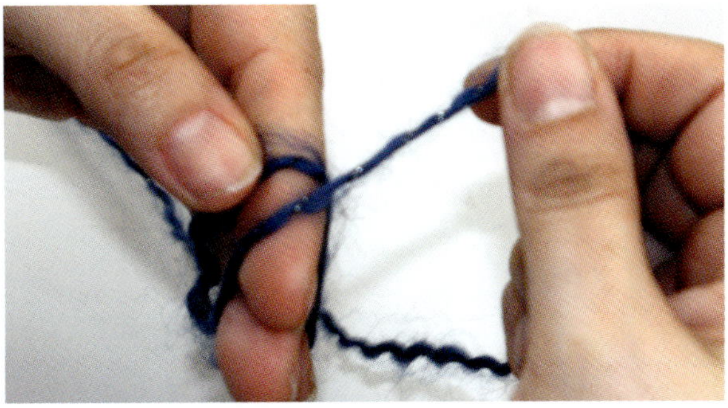

2. Maintenez le fil avec votre pouce et faites tourner le fil de pelote autour de vos doigts pour former une croix.

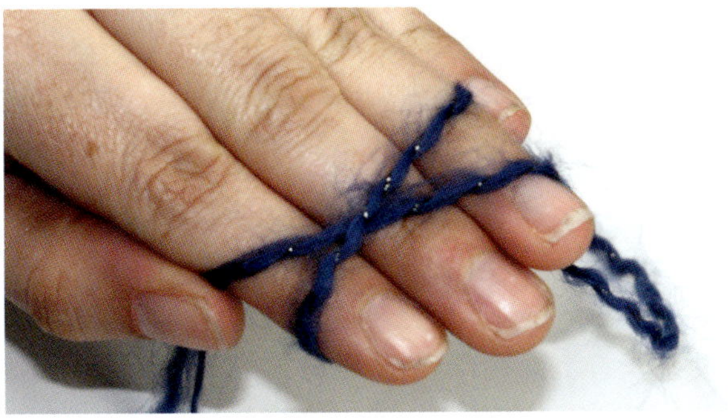

3. Avec votre auriculaire, coincez le fil de pelote.

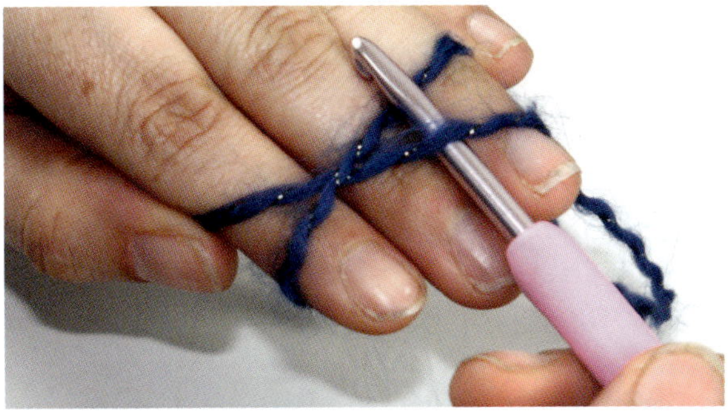

4. Passez votre crochet sous le fil en haut à droite et allez chercher le fil en haut à gauche.

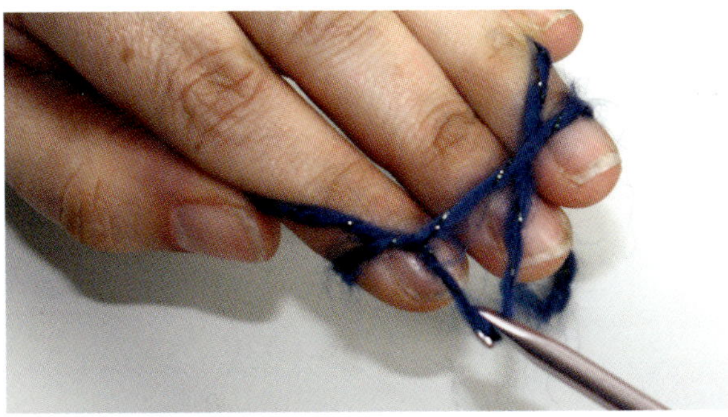

5. Ramenez le fil vers vous.

6. Faites vriller le crochet en le redressant.

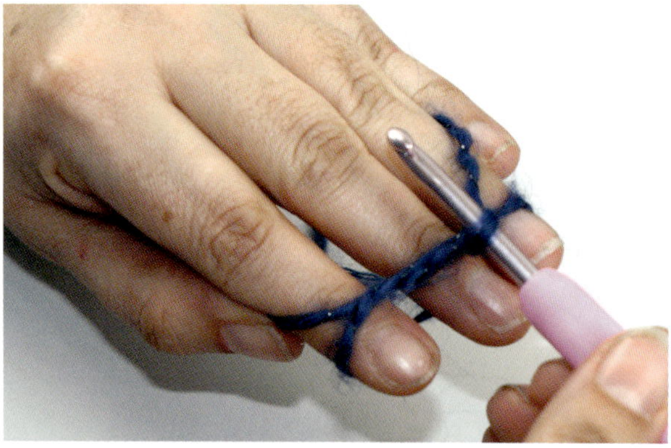

7. Votre crochet est pris dans une petite boucle.

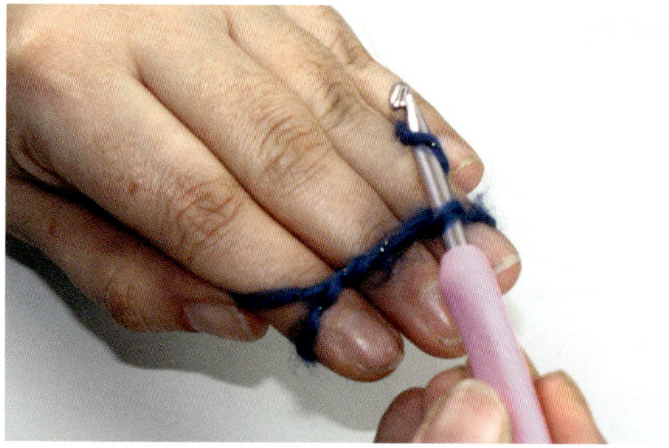

8. Faites un jeté.

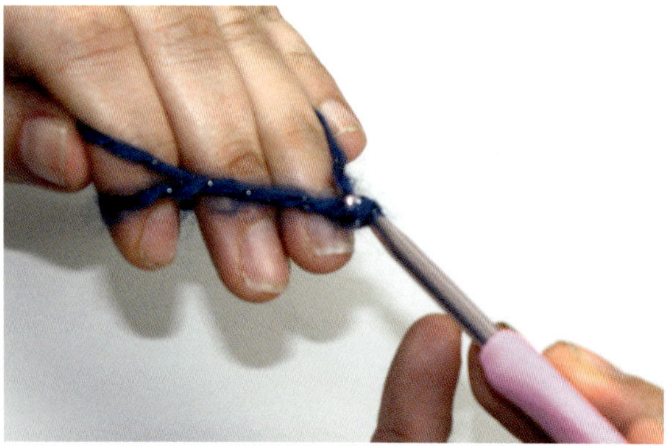

9. Passez le fil au travers de la boucle.

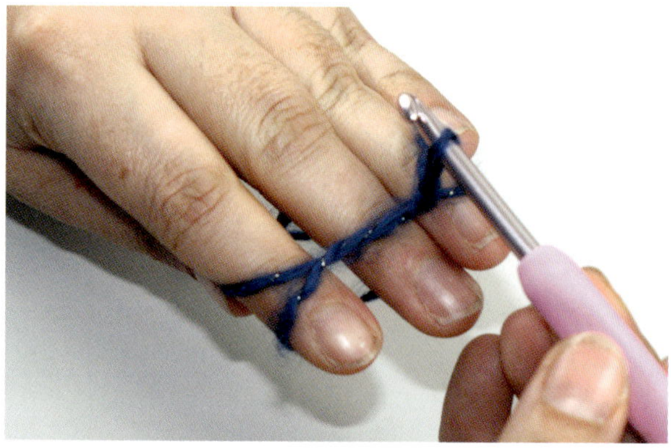

10. Vous venez de faire un nœud coulant autour de votre cercle.

11. Vous pouvez maintenant retirer vos doigts. Votre cercle magique tient tout seul.

PAS À PAS

RANG 1 : 3ml (qui comptent comme 1ère B) puis 11B, fermez par une mc sur la 3ème ml - (12).

1. Faites un jeté et passez le fil à travers la boucle qui se trouve sur votre crochet.

2. Répétez 3 fois cette étape pour obtenir vos 3 mailles en l'air. Elles compteront comme votre 1ère Bride.

3. Faites un jeté. Tenez bien l'extrémité du fil entre votre pouce et votre index et à partir de maintenant, vos mailles seront montées autour.

4. Plongez votre crochet à l'intérieur du cercle magique.

5. Faites un jeté.

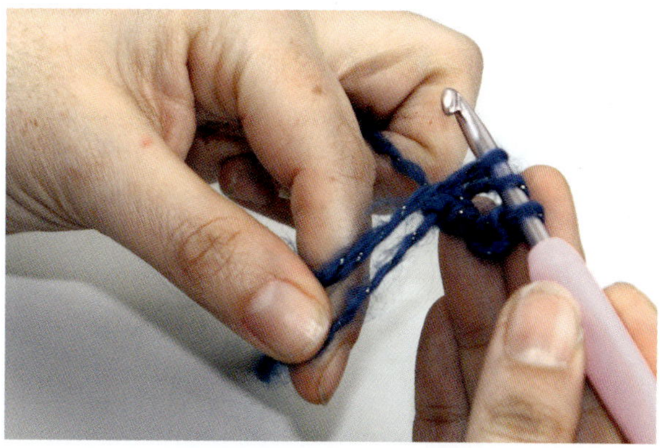

6. Ramenez votre fil au travers du cercle magique. Vous avez 3 boucles sur votre crochet.

7. Faites un jeté et passez votre fil au travers des deux premières boucles.

8. Il vous reste maintenant 2 boucles sur votre crochet.

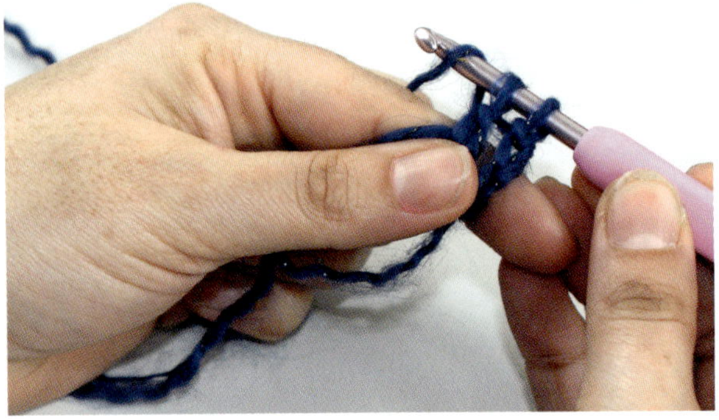

9. Faites un jeté et passez votre fil au travers des deux dernières boucles.

10. Vous avez à présent 2 brides dans votre cercle magique.

11. Faites 10 brides de plus pour en avoir 12 en tout. (N'oubliez pas de compter les 3ml comme la 1ère bride)

12. Tirez sur le fil que vous teniez entre le pouce et l'index pour resserrer le cercle magique.

13. Repérez la 3ème ml que vous aviez faite.

14. Piquez votre crochet dans la 3ème ml.

15. Faites un jeté.

16. Passez votre fil au travers des deux boucles pour faire votre maille coulée et fermer le cercle.

17. Votre cercle est bien fermé. Vous allez maintenant commencer un nouveau rang.

PAS À PAS

RANG 2 : 3ml (qui compteront comme la dernière B du rang), 11 augm, 1B dans la maille où se trouvent les 3ml, fermez par une mc sur la 3ème ml - (24)ml.

1. Faites 3 mailles en l'air qui compteront comme dernière bride du rang.

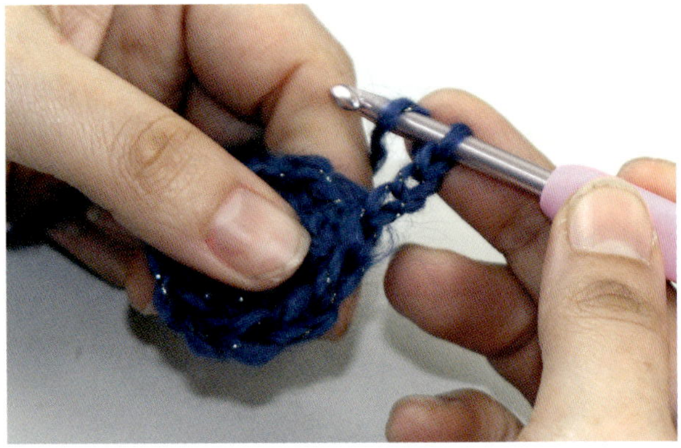

2. Faites un jeté.

3. Piquez dans la maille suivante.

4. Faites un jeté.

5. Passez le fil au travers de la maille. Vous avez maintenant 3 boucles sur votre crochet.

6. Faites un jeté et passez le fil au travers des 2 premières mailles.

7. Vous avez maintenant 2 boucles sur votre crochet.

8. Faites un jeté et passez le fil à travers les deux dernières mailles.

9. Vous venez de faire la 1ère bride de votre 2ème rang.

10. Faites un jeté.

11. Pour faire une augmentation, vous devez piquer une deuxième fois votre crochet dans la même maille.

12. Faites un jeté et passez votre filau travers de la maille.

13. Vous avez 3 boucles sur votre crochet.

14. Faites un jeté et passez le fil au travers des deux premières mailles.

15. Il ne vous reste plus que 2 boucles sur votre crochet.

16. Faites un jeté et passez votre fil au travers des deux dernières boucles.

17. Vous venez de faire votre 1ère augmentation. Continuez le rang en faisant des augmentations sur chaque maille.

RANG 3 :	3ml, 1 augm, *1B, 1 augm* x 11, fermez par une mc sur la 3ème ml	(36)
RANG 4 :	3ml, 1B, 1 augm, *2B, 1 augm* x 11, fermez par une mc sur la 3ème ml	(48)
RANG 5 :	3ml, 2B, 1 augm, *3B, 1 augm* x 11, fermez par une mc sur la 3ème ml	(60)
RANG 6 :	3ml, 59B, fermez par une mc sur la 3ème ml	(60)
RANG 7 :	3ml, 3B, 1 augm, *4B, 1 augm* x 11, fermez par une mc sur la 3ème ml	(72)
RANGS 8-16 : (9 RGS)	3ml, 71B, fermez par une mc sur la 3ème ml	(72)

RANG 17 : 3ml, 3B, 1 dim, *4B, 1 dim* x 11, fermez par une mc sur la 3ème ml.

1. Faites vos 4 brides comme demandé.

2. Faites un jeté.

3. Piquez votre crochet uniquement dans le Brin avant de la maille suivante.

4. Encore une fois, piquez votre crochet uniquement dans le brin avant de la maille suivante. Vous avez donc piqué votre crochet dans 2 mailles mais uniquement sur les brins avant. C'est le début de la diminution.

5. Faites un jeté et passez votre fil au travers des deux boucles des deux mailles en brin avant.

6. Vous avez à présent 3 boucles sur votre crochet. Votre diminution est faite, vous allez terminer la bride comme d'habitude maintenant.

7. Faites un jeté et passer votre fil au travers des deux premières boucles.

8. Il vous reste deux boucles sur votre crochet.

9. Faites un jeté et passez votre fil au travers des deux dernières boucles.

10. Voilà la diminution est terminée, vous n'avez qu'une seule bride faite sur deux mailles.

11. La diminution est à peine différente des autres brides.

RANG 18 : 3ml, 59B, fermez par une mc sur la 3ème ml - (60).

Tirez le fil, coupez à 10 cm et faites une fermeture invisible et rentrez les fils sur l'arrière des mailles.

1. Vous avez crocheté vos 60 brides. Repérez la 3ème ml de la 1ère bride et piquez-y votre crochet.

2. Faites un jeté.

3. Passez votre fil au travers des deux boucles.

4. Vous avez fermé votre bonnet par une maille coulée. Pour une finition plus soignée, vous allez à présent faire une fermeture invisible. Tirez le fil et coupez-le à 15 cm.

5. À l'aide de votre aiguille à laine, passez le fil dans la 2ème maille après votre mc.

6. Piquez maintenant votre aiguille 2 mailles en arrière, dans votre mc en somme.

7. Vous ne voyez plus de différence entre les mailles crochetées et la fermeture invisible faite à l'aiguille.

8. Rentrez maintenant vos fils sur l'arrière des mailles, à l'intérieur du bonnet.

9. Coupez le fil. Votre bonnet est terminé.

RÉALISATION DES TROIS FLEURS :

Avec la pelote de «Calinou» faites 6ms dans un cercle magique.

RANG 1 : Faites 6ms dans le cercle magique (6)

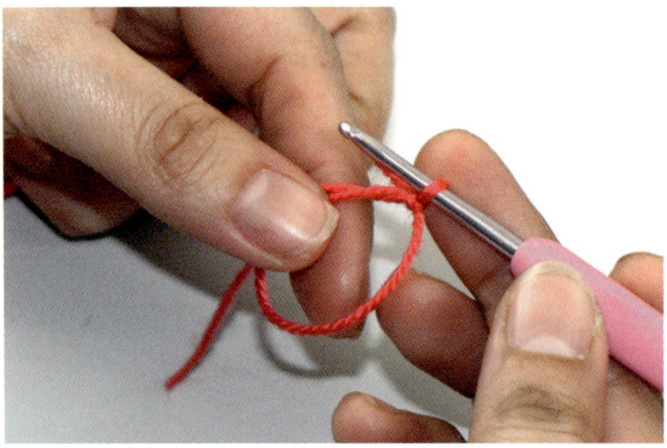

1. Tenez l'extrémité du fil entre votre pouce et votre index et faites toutes vos mailles serrées en passant autour.

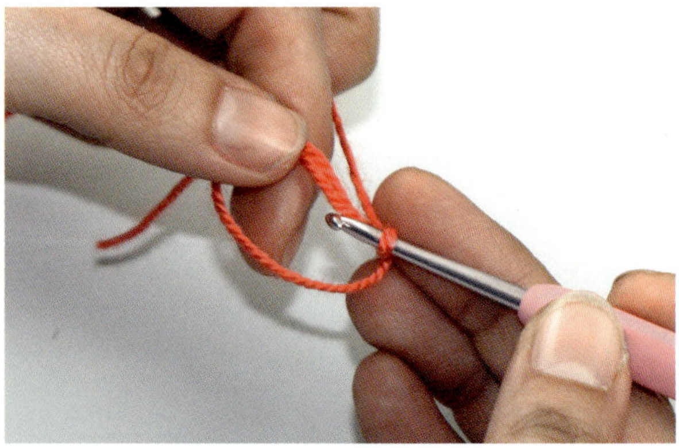

2. Plongez votre crochet dans le cercle magique.

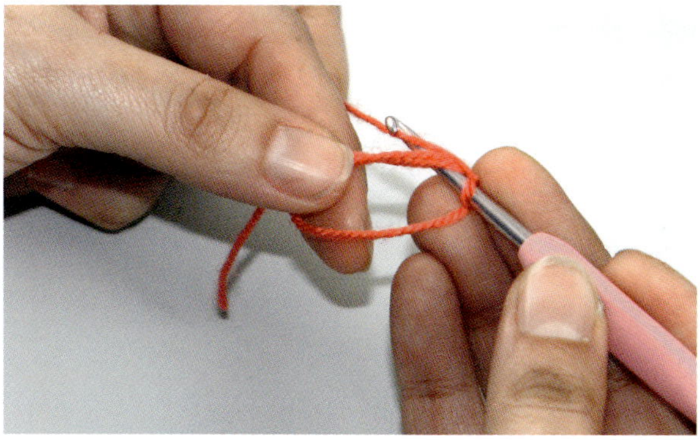

3. Faites un jeté.

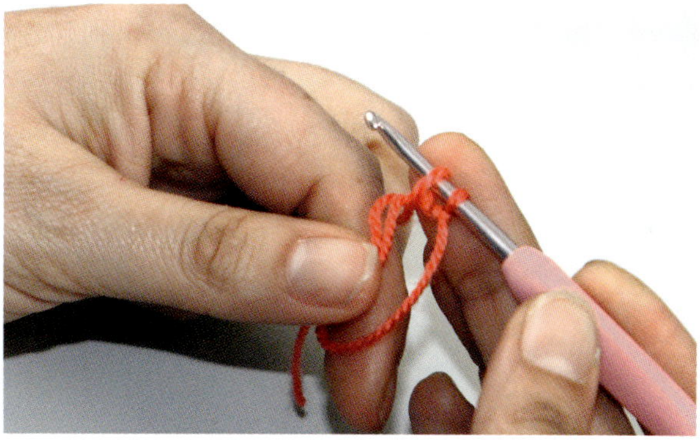

4. Ramenez le fil vers vous en passant à travers le cercle magique.

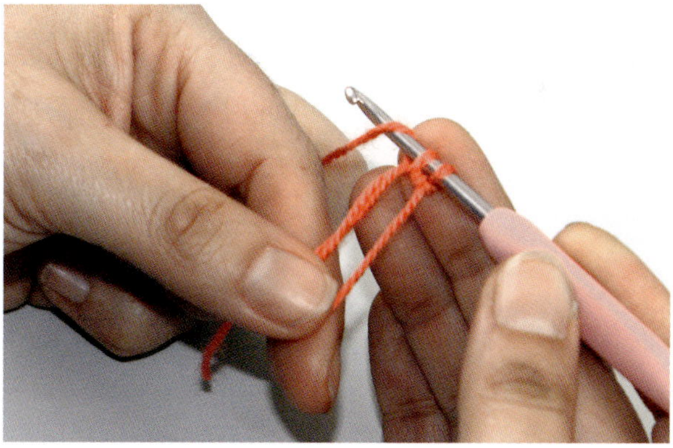

5. Faites un jeté et passez votre fil à travers les deux boucles qui sont sur votre crochet.

6. Vous avez fait votre première maille serrée. Faites-en 5 de plus.

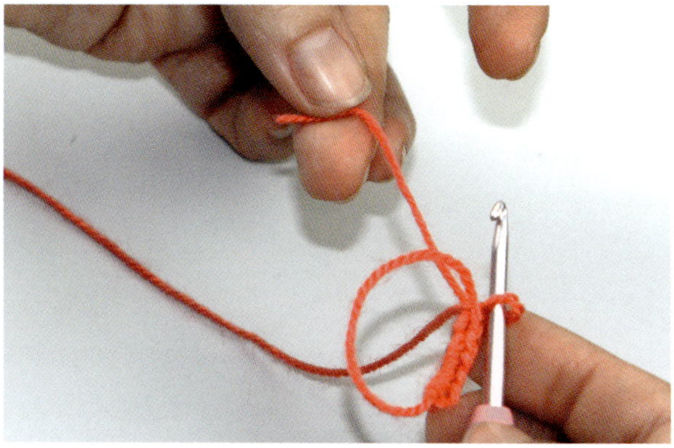

7. Tirez sur l'extrémité du fil que vous aviez entre votre pouce et votre index pour resserrer le cercle magique.

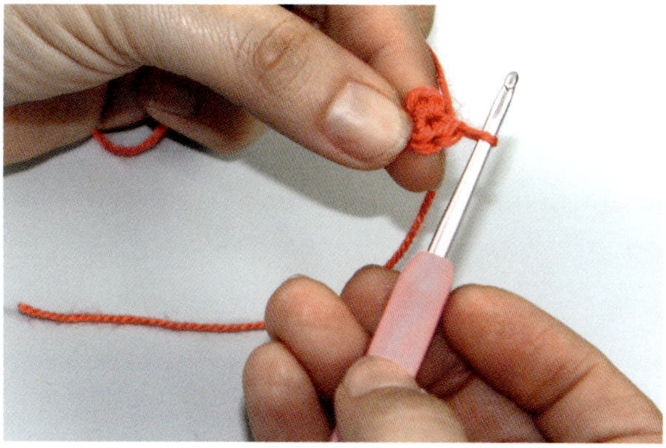

8. Repérez bien la 1ère de vos 6 mailles , c'est là que vous allez piquer pour faire votre augmentation.

ASTUCE

Placez un marqueur sur votre 1ère maille du rang pour vous repérer plus facilement.

RANG 2 : 6 augm - (12)

Note : Dans la dernière étape de la dernière ms du rang 2, changez de pelote et terminez votre maille avec la pelote « Paradou ».

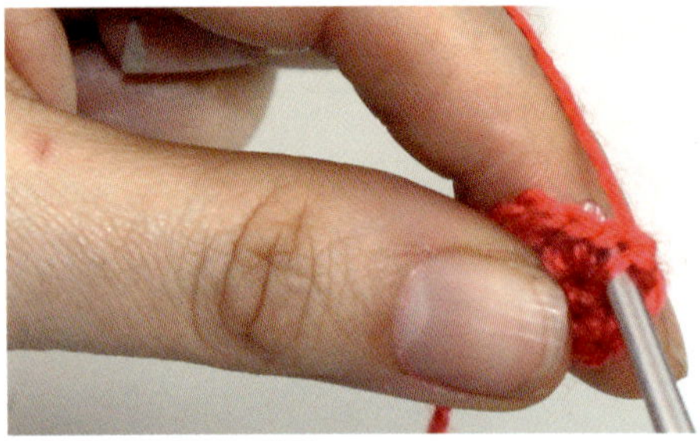

1. Piquez votre crochet dans la dernière maille pour faire la dernière augmentation.

2. Faites un jeté et passez votre fil à travers la boucle.

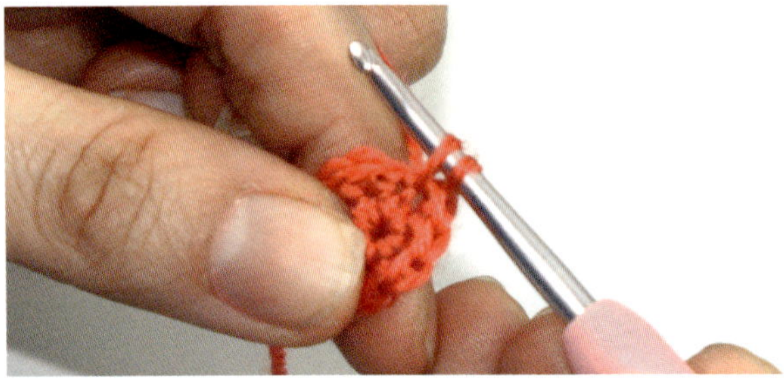

3. Vous avez 2 boucles sur votre crochet. Préparez votre fil « Paradou » pour le changement de couleur.

4. Posez votre nouveau fil sur le crochet. Le fil de pelote doit retomber vers l'avant.

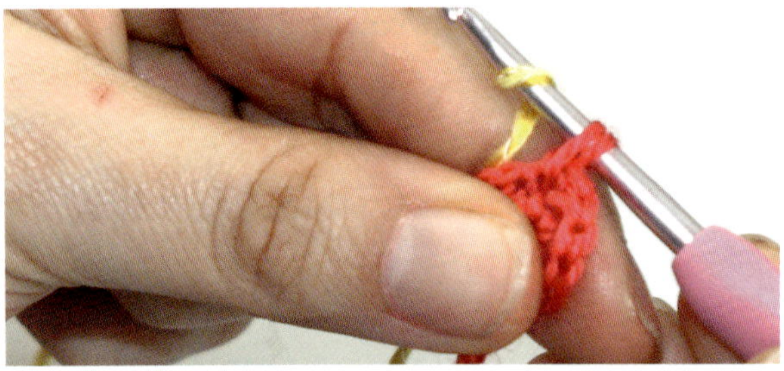

5. Faites un jeté avec votre nouveau fil et passez-le à travers les deux boucles pour terminer la maille serrée. Si vous avez peur que la maille ne se défasse, faites un double nœud discret sur l'arrière avec l'extrémité du fil jaune et l'extrémité du fil rose que vous aurez coupé à 5 cm.

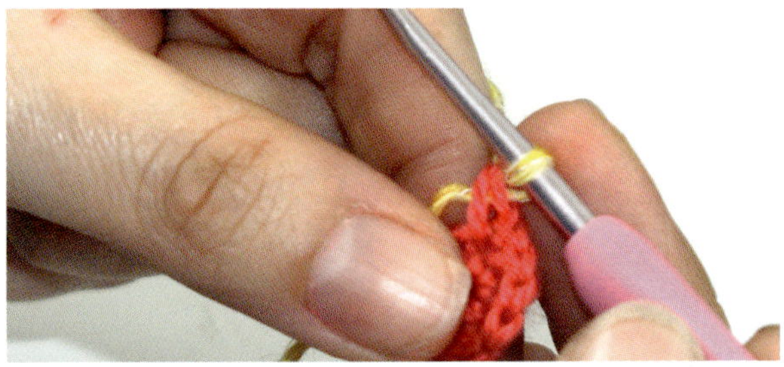

6. Votre maille serrée est terminée et le fil jaune est maintenant bien pris pour pouvoir commencer à crocheter comme si de rien n'était.

RANG 3 ET FINITIONS : *8ml, 1mc dans la maille suivante* x 11.
Fermez par une mc à la base des premières ml.

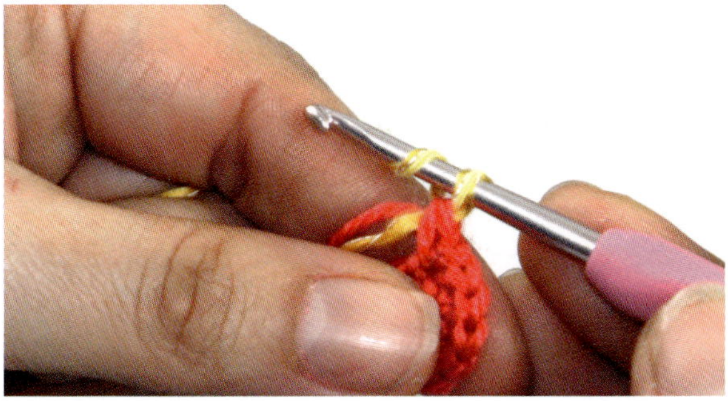

1. Faites un jeté et passez votre fil dans la boucle qui se trouve sur le crochet pour faire une maille en l'air. Recommencez l'opération 7 fois de plus.

2. Vous avez 8 mailles en l'air, repérez maintenant la maille suivante sur la partie rose.

3. Piquez votre crochet dans la maille serrée.

4. Faites un jeté et passez votre fil à travers la maille.

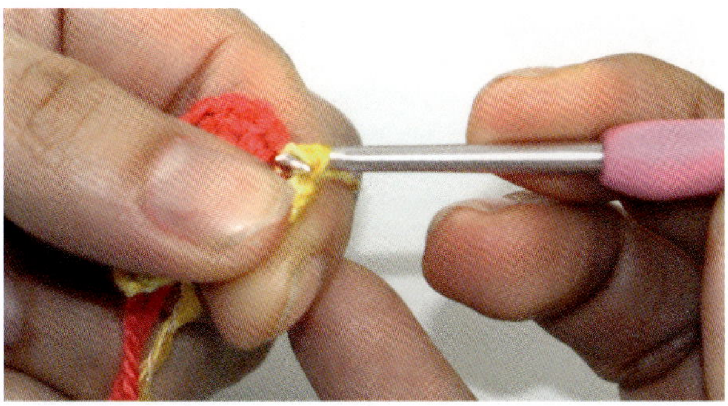

5. Vous avez deux boucles sur votre crochet.

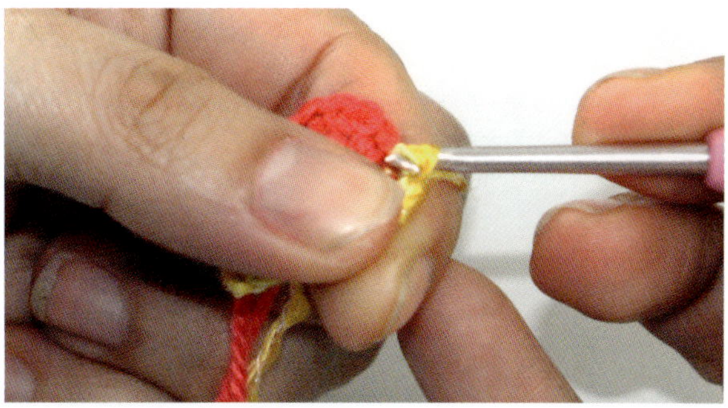

6. Passez la 1ère boucle dans la deuxième (celle de gauche dans celle de droite).

7. Vous avez fait votre maille coulée. Recommencez pour faire des pétales tout autour du cœur de la fleur.

8. Une fois votre fleur terminée, tirez le fil.

9. Coupez le fil à 15 cm minimum pour pouvoir coudre la fleur sur le bonnet.

10. Préparez vos trois fleurs.

11. Nouez les fils sur l'arrière des fleurs, vous les rentrerez discrètement dans l'arrière des mailles, sinon vous pouvez les couper pour qu'ils soient cachés par le cœur de la fleur.

12. Cousez vos fleurs sur le bonnet. Rentrez les fils discrètement sur l'arrière des mailles à l'intérieur du bonnet.

Le snood

FOURNITURES

7 pelotes de laine « Mérinos 7 » pissenlit

Crochet n° 6

Marqueurs de rang

Aiguille à laine

APPRENDRE LES BRIDES EN RELIEF EN CROCHETANT UN SNOOD GAUFFRÉ

POINTS UTILISÉS

rg(s)	Rang(s)
ml	Maille en l'air
mc	Maille coulée
ms	Maille serrée
B	Bride
Brel	Bride en relief
...	Répétez ce qui se trouve entre les astérisques autant de fois que demandé.

SCHÉMA DES MAILLES À APPRENDRE

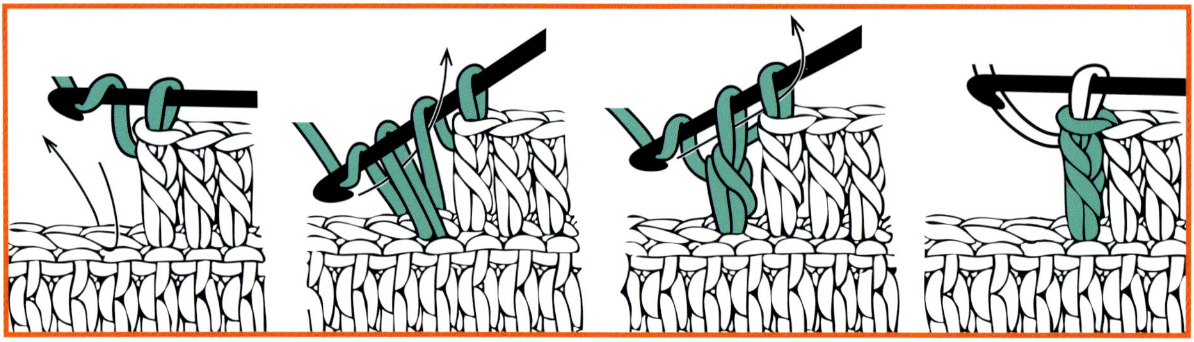

Bride (B)

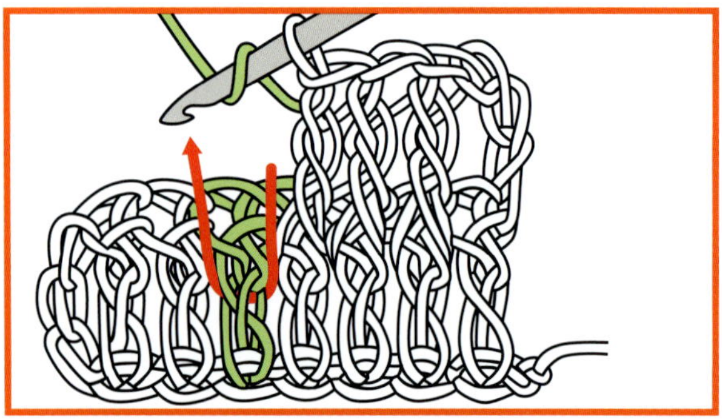

Bride en relief (Brel)

La Bride en relief est une bride normale mais qui sera piquée autour
de la maille du rang précédent et non dans la maille.
Vous le verrez en image dans le tutoriel.

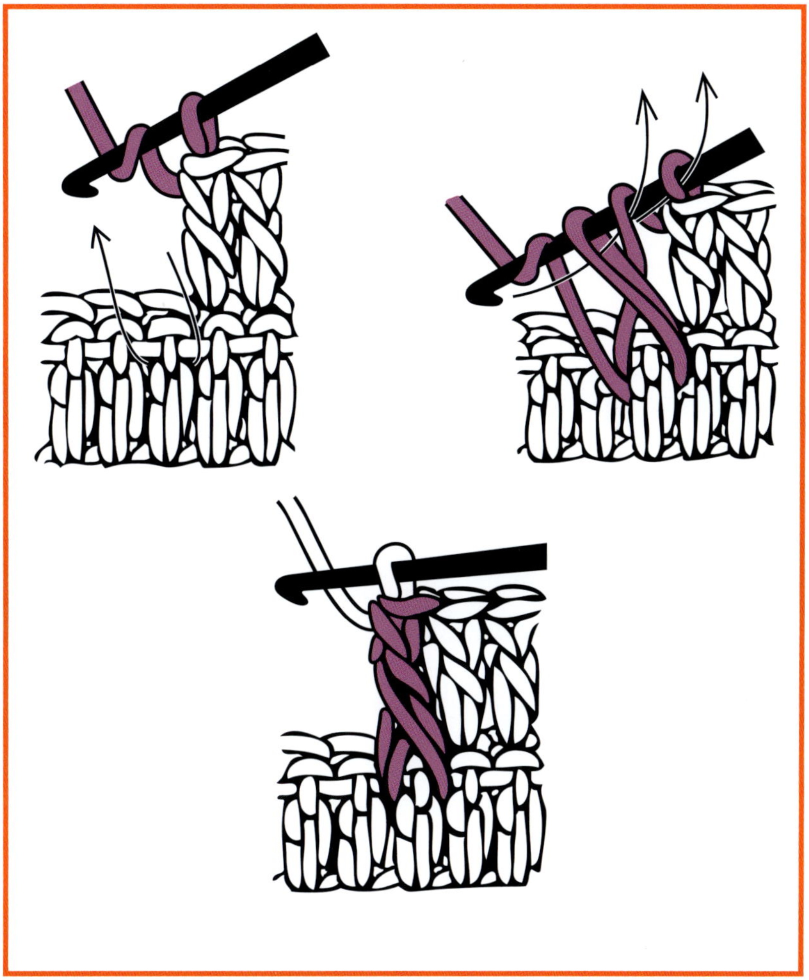

Piquez le crochet de la droite vers la gauche en passant sous la bride du rang précédant.

ASTUCE

▶ Ce snood vous permet de faire 3 tours de cou, si vous préférez n'en faire que 2, retirez 50 ml à votre chaînette.

NOTE

▶ Dès le rang 2, vous commencerez toujours avec 3ml et finirez toujours en fermant par une mc dans la 3ème ml du début du rang précédent.

RANG 1.: Faites une chaînette de 200ml (posez un marqueur toutes les 50ml pour ne pas vous tromper) et fermez par une mc pour former un cercle. Attention à ne pas faire vriller votre chaînette ! (200)

Votre chainette fermée par une maille coulée.

RANG 2.: 3ml (compte comme la 1ère Bride du rang), 1B sur chaque ml du rang précédant. Fermez le rang par une maille coulée (mc) (200).

1. Faites 3ml qui compteront comme 1ère bride du rang.

2. Faites un jeté.

3. Repérez la maille suivante, celle où vous allez piquer le crochet. Il s'agit de la maille montrée par mon pouce.

4. Piquez votre crochet dans la maille repérée.

PAS À PAS

5. Faites un jeté et passez le fil au travers de la maille.

6. Vous avez maintenant 3 boucles sur votre crochet.

7. Faites un jeté.

8. Passez le fil à travers les 2 premières boucles.

9 Il vous reste 2 boucles sur votre crochet.

10. Faites un jeté et passez le fil au travers des deux dernières boucles.

11. Vous avez fait votre 1ère bride.

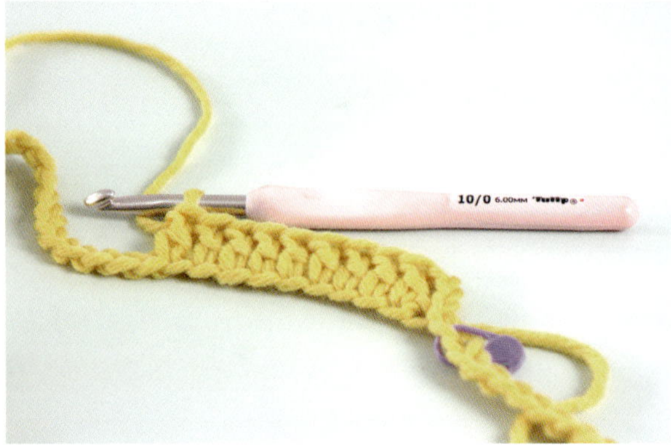

12. Continuez à faire une bride sur chaque maille en l'air.

13. Vous arrivez en fin de rang. Pour fermer celui-ci, piquez votre crochet dans la 3ml de la 1ère bride du rang, au bout de mon pouce.

14. Faites un jeté et passez le fil au travers de la maille et de la boucle sur le crochet.

15. Votre rang est fermé.

RANG 3 : 3ml, 3B, 1Brel puis *4B, 1Brel* jusqu'à la fin du rang. Fermez le rang par une maille coulée (mc) (200).

1. Faites 3ml qui comptent comme 1ère B du rang.

2. Faites 3B. Vous avez à présent 4 brides (la première faite avec les 3ml et les 3 que vous venez de crocheter.

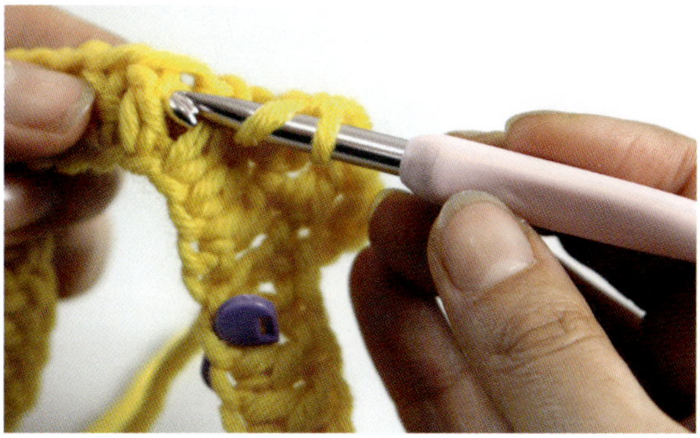

3. Faites un jeté.

4. Passez votre crochet autour de la B du rang précédent en passant du devant vers l'arrière.

5. Faites un jeté et ramenez le fil en passant derrière la bride.

6. Vous avez maintenant 3 boucles sur votre crochet.

7. Faites un jeté et passez le fil au travers des deux premières boucles.

8. Passez le fil au travers des deux premières boucles.

9. Il vous reste deux boucles sur votre crochet.

10. Faites un jeté.

11. Passez le fil au travers des deux dernières boucles.

12. Vous voyez le relief de la Brel. Continuez votre rang jusqu'au bout en alternant les brides et les Brel.

RANG 4 : 3ml en relief (comptera comme la dernière B du rang), 2B, 3Brel puis *2B, 3Brel* x 38, 2B, 2Brel (200B).

Note : pour la ml en relief il vous suffit de passer le crochet autour de la B du rang précédent et de monter votre maille normalement.

RANGS 5-22 (18 RGS) : Répétez en alternance le rang 3 et le rang 4.

1. Relief obtenu après 3 rangs de Brel.

RANG 23 : faites 1ms sur chaque B du rang précédant. (200ms)

Coupez votre fil en laissant 10 cm, fermez de manière invisible et rentrez les fils sur l'arrière de votre snood.

Le head Band

FOURNITURES POUR LE HEADBAND

1 Pelote Paradou « banane »

1 pelote Éclair « royal »

Crochet n° 3.5

Marqueurs de rang

Mètre ruban

Aiguille à laine

POUR LE BANDEAU À NŒUD PAPILLON

1 Pelote Paradou « lagune »

1 pelote Éclair « banane »

Crochet n° 3.5

Marqueurs de rang

Mètre ruban

Aiguille à laine

POINTS UTILISÉS

rch	Chainette
ml	Maille en l'air
mc	Maille coulée
ms	Maille serrée
Fermeture invisible	

MAILLES UTILISÉES POUR FAIRE LE POINT GRANITÉ

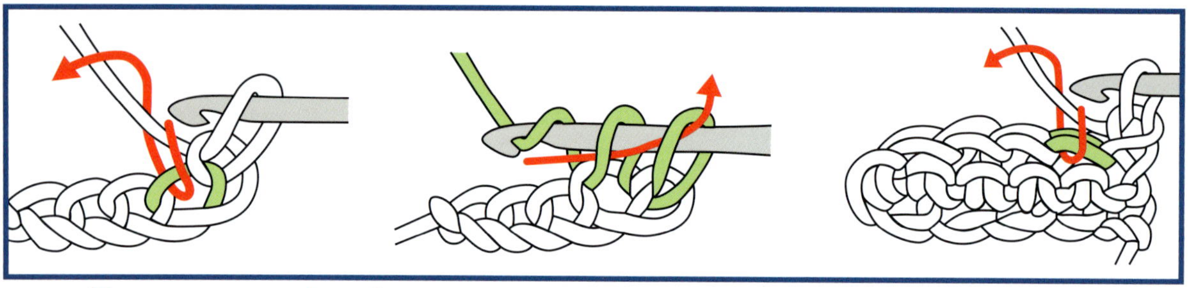

Maille serrée (ms)

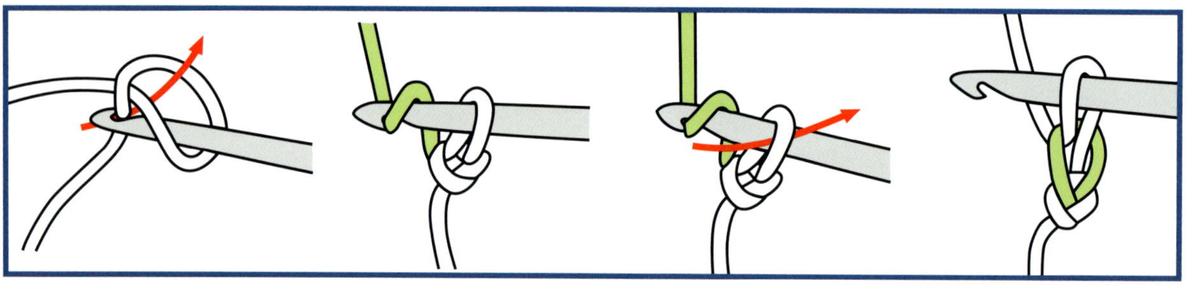

Maille en l'air

ASTUCE

Le point granité est une combinaison de deux mailles de base : la maille serrée et la maille en l'air. En alternant ces deux mailles, vous obtiendrez un très joli rendu que vous pouvez utiliser pour des vêtements, des accessoires ou même des couvertures.

PAS À PAS

APPRENDRE LE POINT GRANITÉ

EN CROCHETANT UN HEADBAND OU UN BANDEAU

RÉALISATION DU HEADBAND :

RANG 1 :

Mesurez votre tour de tête. Avec votre fil paradou : faites une chainette et mesurez-la en tirant bien dessus pour obtenir la longueur de votre tour de tête.

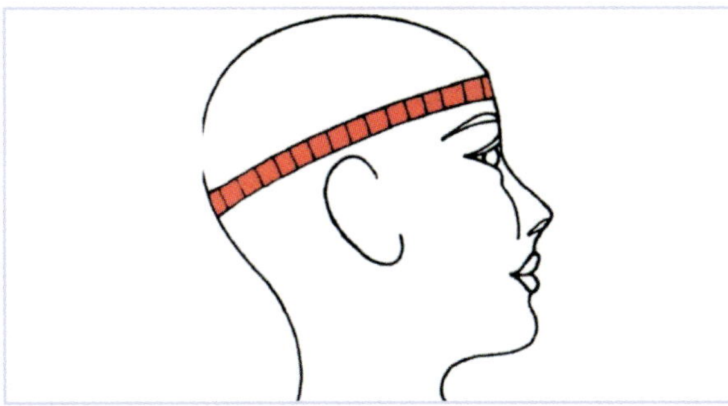

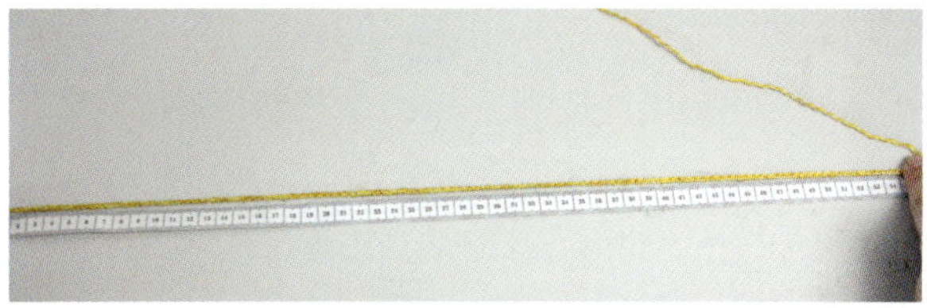

RANG 2 : Avec votre fil paradou : Faites une chainette et mesurez-la en tirant bien dessus pour obtenir la longueur de votre tour de tête,

RANG 3 : Une fois que vous avez la bonne longueur, fermez la chainette par une maille coulée en faisant attention à ne pas faire vriller la chainette.

RANG 4 : Piquez dans la toute première maille, celle où vous venez de faire la mc et faites 1ms (placez votre marqueur sur cette maille) puis 1ml. Sautez une maille de la chainette et recommencez jusqu'à la fin du rang.

1. Piquez le crochet dans la maille où vous venez de faire la maille coulée.

2. Faites un jeté et passez le fil au travers de la maille.

3. Vous avez maintenant deux boucles sur votre crochet.

4. Faites un jeté et passez le fil au travers des deux boucles.

5. Vous venez de faire votre 1ère maille serrée.

6. Faites un jeté.

7. Passez le fil au travers de la boucle, vous venez de faire la maille en l'air. Sautez une ml que vous laisserez vide et repérez la ml suivante. Continuez jusqu'au marqueur en alternant: une maille serrée, une maille en l'air par-dessus une maille que vous laisserez vide.

PAS À PAS

RANG 5 : Sur ce rang vous ferez la 1ère ms sur la 1ère ml du rang précédent (juste après le marqueur que vous déplacerez sur cette nouvelle ms), faites 1ml, sautez une ms et recommencez jusqu'au bout.

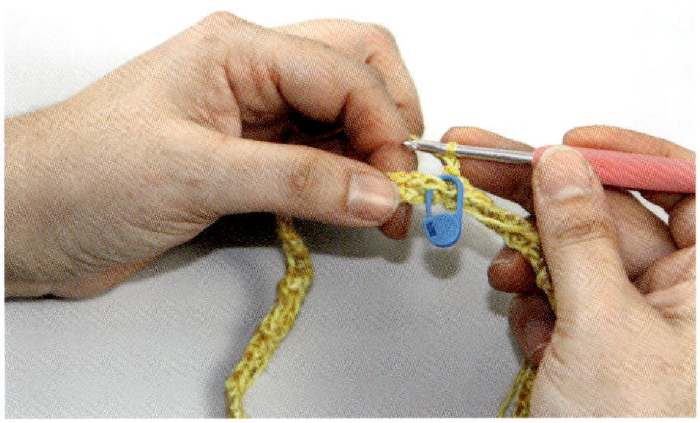

1. Repérez la maille juste après le marqueur pour commencer ce nouveau rang. (la dernière maille que vous avez faite est une maille en l'air)

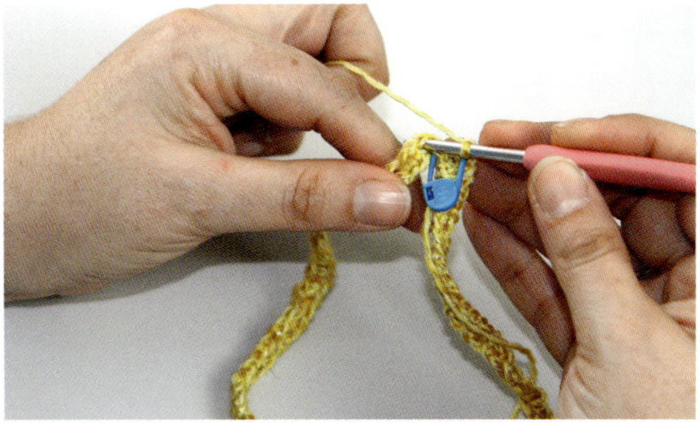

2. Piquez votre crochet dans la maille repérée.

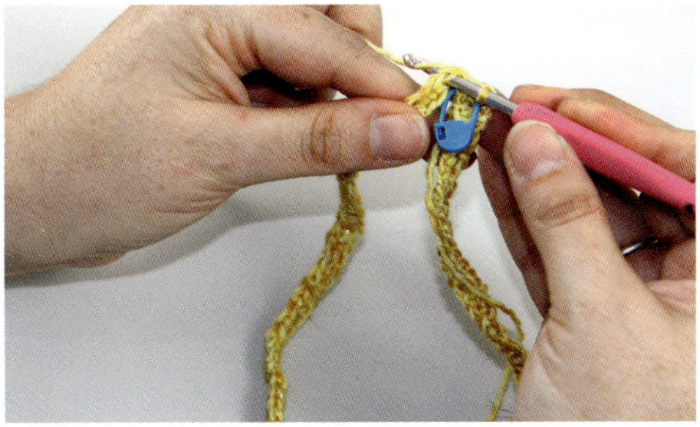

3. Faites un jeté et passez le fil au travers de la maille.

4. Vous avez maintenant deux boucles sur votre crochet.

5. Faites un jeté et passez le fil au travers des deux boucles.

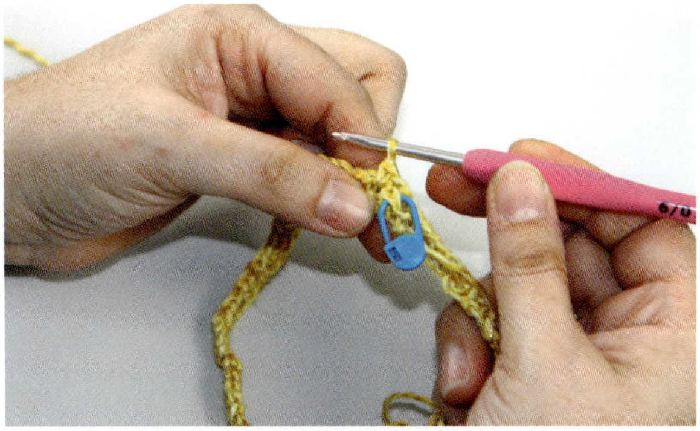

6. Vous venez de faire la première maille serrée de ce nouveau rang. Faites une maille en l'air.

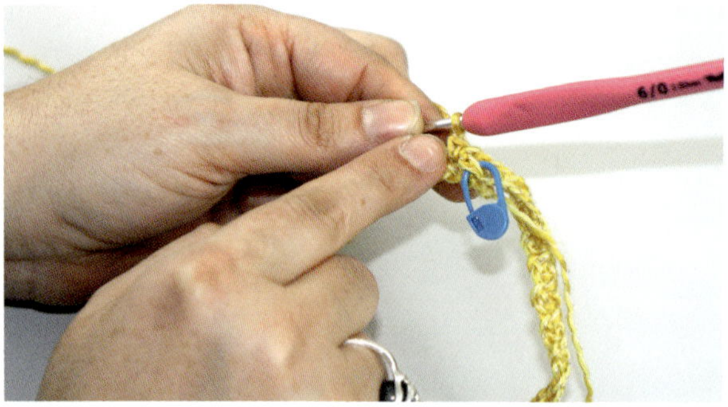

7. Continuez à faire une maille serrée puis une maille en l'air jusqu'au bout du rang.

RANGS 6-23 : recommencez le rang 5

RANG 24 : Faites la 1ère ms sur la 1ère ml du rang précédent (juste après le marqueur que vous déplacerez sur cette nouvelle ms), faites 1ml, sautez une ms et recommencez jusqu'au bout du rang. Fermez par une mc et coupez le fil à 10 cm.

POUR LE LIEN BLEU :

RANG 1 : Avec votre fil Éclair faites : 1ch de 10 ml (placez votre marqueur sur la dernière ml) + 1ml pour tourner.

RANGS 2-14 (13 RGS) : 10 ms + 1ml pour tourner

RANG 15 :

1. Pliez le bandeau en accordéon et mettez le lien autour.

2. Fermez le lien en faisant 10 mailles serrées en prenant les deux épaisseurs, faites 1 ml, tirez le fil et coupez-le à 10 cm.

3. Avec votre aiguille à laine, passer les fils à travers l'envers des mailles.

4. Coupez le surplus de fil au ras de la dernière maille dans laquelle vous l'avez passé. Vous ne devez plus voir un seul fil.

RÉALISATION DU BANDEAU POUR FILLETTE

Pour le bandeau de fillette, suivez les instructions du headband mais faites-le moins large. 10 tours de point granité suffisent.
Rapportez-vous à l'image pour bien mesurer le tour de tête de la petite fille. Une fois le bandeau terminé, faites un nœud papillon pour le décorer.

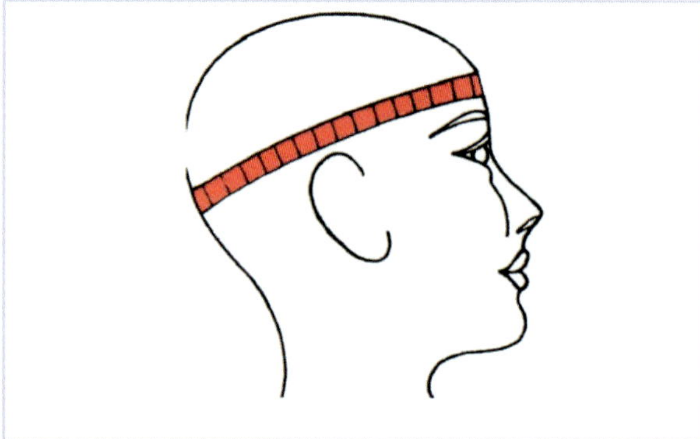

NŒUD PAPILLON

RANG 1 : Faites une chainette de 30ml + 1 pour tourner.

RANGS 2-5 (4 RGS) : 30ms +1 pour tourner.

RANG 6 : Faites 30ms, tirez le fil et coupez-le à minimum 15 cm.

RANG 7 : Pliez la bande sur la longueur et fermez par une couture plate pour obtenir comme un bracelet.

RANG 8 : Rentrez les fils discrètement sur l'arrière des mailles et coupez le surplus.

RANG 9 : Aplatissez ce « bracelet » en prenant soin de mettre la couture bien au milieu.

RANG 10 : Avec le coloris «lagune » enroulez plusieurs fois le milieu de votre bracelet pour former le nœud papillon. Attention : laissez un peu de longueur au début et à la fin pour pouvoir coudre le nœud papillon au bandeau par la suite.

RANG 11 : Nouez les deux brins de fils ensemble à l'arrière du nœud papillon avant de coudre le nœud sur le bandeau. Rentrez les fils discrètement sur l'arrière des mailles du bandeau et coupez le surplus.

Léo, le petit chien

FOURNITURES

1 pelote coton fifty gingembre

1 pelote coton fifty cytise

1 pelote coton fifty pature

Coton noir pour broder les détails

Crochet n° 3

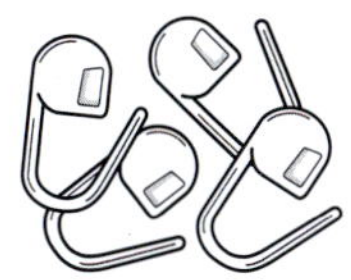

Marqueurs de rang

Aiguille à laine

2 yeux de sécurité de 10 mm

1 nez de sécurité

Ouate de rembourrage

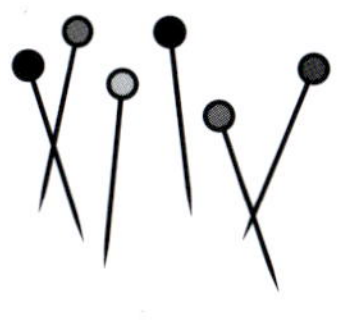

Épingles

POINTS UTILISÉS

Tr(s)	Tours
cm	Cercle magique
mc	Maille coulée
ms	Maille serrée
augm	Augmentation
dim	Diminution
***...* x ...**	Répétez ce qui se trouve entre astérisques autant de fois que demandés.

NOTE

Vous êtes arrivé(e) au dernier chapitre du livre, normalement vous maitrisez donc toutes les mailles de bases. Pour ce tutoriel vous aurez un peu moins de photos mais les étapes les plus importantes et moins vues dans le reste du livre seront illustrées. À chaque fin de ligne vous verrez un chiffre/nombre entre parenthèses, il s'agit du nombre total de mailles du tour en question. C'est parti !

RÉALISATION DU MUSEAU :

TOUR 1 : Avec la pelote cytise : dans un cercle magique, faites 6 mailles serrées (6).

TOUR 2 : 6 augm (12).

TOUR 3 : *1ms, 1 augm* x 6 (18).

TOUR 4 : *2ms, 1 augm* x 6 (24).

TOUR 5 : *3ms, 1 augm* x 6 (30).

TOUR 6 : *4ms, 1 augm* x 6 (36).

TOURS 7-10 (4 TRS) : 1 maille serrée sur chaque maille serrée du rang précédent (36).

Vous allez maintenant poser le nez de sécurité.

Reportez-vous à la pose des yeux de sécurité (pages 164,165) et procédez de la même façon.

Mettez votre museau de côté, le temps de crocheter la tête de Léo.

RÉALISATION DE LA TÊTE :

TOUR 1 : Avec la pelote gingembre : dans le cercle magique faites 6 mailles serrées (6):

TOUR 2 : 6 augm (placez votre marqueur sur la première maille et déplacez-le, par la suite, sur la 1ère maille de chaque nouveau rang.) (12)

TOUR 3 : *1ms, 1 augm* x 6 (18).

TOUR 4 : *2ms, 1 augm* x 6 24).

TOUR 5 : *3ms, 1 augm* x 6 (30).

TOUR 6 : *4ms, 1 augm* x 6 (36).

TOUR 7 : *5ms, 1 augm* x 6 (42).

TOUR 8 : *6ms, 1 augm* x 6 48).

TOUR 9 : *7ms, 1 augm* x 6 (54).

TOURS 10-11 (2 TRS) : 1 maille serrée sur chaque maille serrée du tour précédent (54).

TOUR 12 : 1 ms sur chaque ms du tour précédent et changement de couleur dans la dernière étape de la dernière ms. (54).

Dans la dernière étape de la dernière maille serrée du tour, faites un jeté avec le fil de la nouvelle couleur et passez le fil dans les deux boucles sur le crochet.

Vous avez fait votre changement de couleur et vous pouvez commencer le prochain tour.

TR 13-18 (6 TRS) : Avec la pelote cytise : 1ms sur chaque ms du tour précédent (54).

TOUR 19 : 1 ms sur chaque ms du tour précédent et changement de couleur dans la dernière étape de la dernière ms.(54).

Dans la dernière étape de la dernière maille serrée du tour, faites un jeté avec le fil de la nouvelle couleur et passez le fil dans les deux boucles sur le crochet.

Vous avez fait votre changement de couleur et vous pouvez commencer votre prochain tour.

TOURS 20-22 (3 TRS) : En gingembre : 1ms sur chaque ms du tour précédent (54).

TOUR 23 : *7ms, 1 dim* x 6 (48).

Pour la diminution : piquez votre crochet uniquement dans le brin avant de la maille suivante.

Piquez à nouveau votre crochet uniquement dans le brin avant de la maille suivante.

Faites un jeté et passez le fil au travers des deux brins avant.

Vous avez maintenant 2 boucles sur votre crochet.

Faites un jeté et passez le fil au travers des deux boucles.

Vous avez terminé votre diminution.

TOUR 24. : *6ms, 1 dim* x 6 (42)

TOUR 25 : *5ms, 1 dim* x 6 (36).

TOUR 26 : *4ms, 1 dim* x 6 (30).

À ce stade, vous allez coudre le museau, laissé de côté tout à l'heure, sur la tête.
Posez le museau sur la partie de la tête où vous voyez les raccords des changements de couleur, vous les cacherez définitivement.

En plaçant le museau, veillez à bien le centrer et placez au moins une épingle.

Rembourrez le museau au maximum avant la couture. Vous pourrez compléter le rembourrage au cours de la couture.

Une fois que vous avez bien rembourré le museau, épinglez-le entièrement au visage.

Profitez de vérifier qu'il soit bien centré avant de commencer la couture.

Cousez le museau en passant votre aiguille sous une maille de la tête puis sous une maille du museau. Faites une couture discrète en piquant le plus près possible du museau.

Avant de terminer la couture, si vous trouvez que le museau n'est pas suffisamment rembourré, vous pouvez rajouter un peu de ouate.

Vous avez terminé la couture du museau, il faut maintenant rentrer le fil.

Piquez votre aiguille de façon à ce qu'elle traverse tout le museau.

Coupez le fil à ras.

Une fois que le museau est cousu, vous allez poser les yeux. Faites des essais pour trouver l'emplacement idéal pour les yeux de votre chien.

Lorsque vous aurez trouvé l'emplacement qui vous plaît, enfoncez l'œil dans le petit trou entre deux mailles.

Voilà un œil à sa place, faites pareil pour le deuxième œil.

Enfoncez le deuxième œil, comme pour le premier, entre deux mailles. Vérifiez qu'ils soient bien alignés.

Retournez délicatement et légèrement la tête pour voir l'envers et disposez la rondelle de sécurité sur le clou de l'œil.

Ne vous trompez pas dans le sens de la pose ! Répétez l'opération pour le deuxième œil.

Retournez à nouveau la tête de Léo et regardez sa petite bouille.

TOUR 27 : *3ms, 1 dim* x 6 (24).

TOUR 28 : *2ms, 1 dim* x 6 (18).

Avant que le trou ne soit trop petit, vous allez rembourrer la tête bien fermement.

TOUR 29 : *1ms, 1 dim* x 6 (12).
Rembourrez une dernière fois la tête si besoin.

TOUR 30 : 6 dim (6).

Lorsque vous ne pouvez plus remplir, reprenez votre crochet. Vous pourrez remplir un peu plus avant le dernier tour.

Tirez le fil et coupez-le à 10 cm.

TOUR 31 : Avec votre aiguille, passez uniquement dans les brins avant des 6 dernières mailles et resserrez le fil au maximum.

Tirez sur le fil pour bien resserrer les mailles et fermez la tête.

Piquez votre aiguille et ressortez-la bien plus loin.

Coupez le fil à ras. La tête de Léo est terminée !

RÉALISATION DU CORPS :

TOUR 1 : Avec la pelote cytise : Dans un cercle magique, faites 6ms (6).

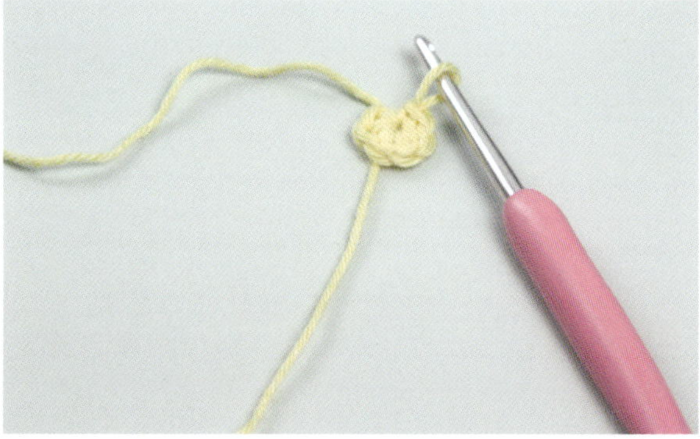

TOUR 2 : Faites 6 augmentations (12).

TOUR 3 : *1ms, 1 augm* x 6 (18).

TOUR 4 : *2ms, 1 augm* x 6 (24).

TOUR 5 : *3ms, 1 augm* x 6 (30).

TOUR 6 : *4ms, 1 augm* x 6 (36).

TOUR 7 : *5ms, 1 augm* x 6 (42).

TOUR 8 : *6ms, 1 augm* x 6 (48).

TOUR 9 : *7ms, 1 augm* x 6 (54).

TOUR 10 : *8ms, 1 augm* x 6 (60).

TOUR 11 : *9ms, 1 augm* x 6 (66).

TOUR 12 : *10ms, 1 augm* x 6 (72).

TOURS 13-15 (3 TRS) : 1 maille serrée sur chaque maille serrée du tour précédent (72).

TOUR 16 : *10ms, 1 dim* x 6 (66).

Piquez votre crochet dans les brins avant des deux mailles suivantes.

Faites un jeté et passez le fil au travers des deux brins avant.

Vous avez maintenant 2 boucles sur votre crochet.

Faites un jeté et passez le fil au travers des deux boucles sur votre crochet.

Vous avez fait une diminution. Continuez sur tout le tour en alternant les mailles serrées et les diminutions.

TOUR 17 : 1ms sur chaque ms du tour précédent (66).

TOUR 18 : *9ms, 1 dim* x 6 (60).

TOUR 19 : 1ms sur chaque ms du tour précédent (60).

TOUR 20 : *8ms, 1 dim* x 6 (54).

TOUR 21 : 1 maille serrée sur chaque maille serrée du tour précédent (54).

TOUR 22 : *7ms, 1 dim* x 6 avec changement de couleur à la dernière étape de la dernière maille serrée (48).

Dans la dernière étape de la maille serrée, faites le jeté avec le fil « pâture » et passez le fil des deux boucles sur le crochet.

Vous avez changé de couleur, vous pouvez commencer le pull de Léo.

TOUR 23. : Avec la pelote pâture :
1ms sur chaque ms du tour précédent (48).

TOUR 24. : *6ms, 1 dim* x 6 (42).

TOUR 25 : 1ms sur chaque ms du tour précédent (42).

TOUR 26. : *5ms, 1 dim* x 6 (36).
TOURS 27-29 (3 TRS) : 1ms sur chaque ms du tour précédent (36).
TOUR 30. : *4ms, 1 dim* x 6 (30).
TOURS 31-32 (2 TRS). : 1ms sur chaque ms du tour précédent (30).
TOUR 33. : *3ms, 1 dim* x 6 (24).
TOURS 34-35 (2 TRS). : 1 maille serrée sur chaque maille serrée du tour précédent (24).
TOUR 36 : *2ms, 1 dim* x 6 (18).
TOUR 37 : 1ms sur chaque ms du tour précédent (18).

Tirez le fil et coupez-le à 20 cm.

Rembourrez fermement le corps.

Placez la tête comme vous le voulez sur le corps. Ici, Léo penche volontairement la tête vers la droite.

Épinglez la tête au corps sur tout le tour.

Cousez le corps à la tête en passant l'aiguille sous une maille de la tête puis sous une maille du corps jusqu'à avoir fait tout le tour.

La tête tient bien sur le corps.

Passez votre aiguille sous plusieurs mailles.

Coupez le fil à ras.

RÉALISATION DES OREILLES (FAITES-EN 2) :

TOUR 1 : En gingembre : Dans un cercle magique, faites 6 mailles serrées (6).

TOUR 2 : *1ms, 1 augm* x 3 (9).

TOUR 3 : *2ms, 1 augm* x 3 (12).

TOUR 4 : *3ms, 1 augm* x 3 (15).

TOUR 5 : *4ms, 1 augm* x 3 (18).

TOUR 6 : *2ms, 1 augm* x 6 (24).

TOURS 7-9 (3 TRS) : 1 maille serrée sur chaque maille serrée du tour précédent. (24).

TOUR 10 : *2ms, 1 dim* x 6 (18).

TOURS 11-16 (5 TRS) : 1 ms sur chaque ms du tour précédent (18).

TOUR 17 : *1ms, 1 dim* x 6 (12).

TOUR 18 : 1ms sur chaque ms du tour précédent (12).

Tirez le fil et coupez-le à15 cm.

Faites une couture plate pour fermer l'oreille.

Piquez votre aiguille dans les deux épaisseurs de l'oreille.

Épinglez l'oreille sur la tête de Léo, faites des essais et placez-la comme il vous plaira le mieux.

Une fois que vous avez choisi le bon emplacement de l'oreille, cousez-la bien. Faites une couture aller (vers la gauche) puis une couture retour (vers la droite).

Pour plus de sécurité, soulevez l'oreille et faites une couture de plus. Votre oreille sera ainsi très bien fixée.

Piquez votre aiguille et ressortez-la bien plus loin. Coupez le fil à ras.

Léo a sa première oreille, recommencez pour la deuxième.

Épinglez la deuxième oreille de façon symétrique et cousez-la.

Bravo, vous pouvez admirer la jolie bouille de Léo !

RÉALISATION DES JAMBES (FAITES EN 2) :

TOUR 1 : Avec la pelote cytise : dans un cercle magique, faites 6ms (6).

TOUR 2 : 6 augmentations (12).

TOUR 3 : *1ms, 1 augm* x 6 (18).

TOUR 4 : *2ms, 1 augm* x 6 (24).

TOUR 5 : *3ms, 1 augm* x 6 (30).

TOUR 6 : BAR : 1 maille serrée sur chaque maille serrée du tour précédent (30).

Piquez votre crochet uniquement dans le brin arrière de la maille suivante.

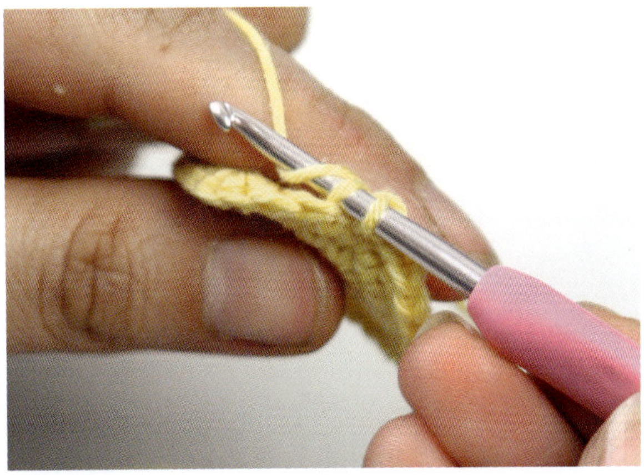

Faites un jeté et passez le fil au travers du brin arrière.

Vous avez à présent 2 boucles sur votre crochet.

Faites un jeté et passez le fil au travers des deux boucles.

Vous venez de faire une maille serrée sur le brin arrière (BAR), continuez sur tout le tour.

Après un tour complet, vous voyez les brins avant qui forment une ligne horizontale.

TOURS 7-8 (2TRS) : 1 maille serrée sur chaque maille serrée du tour précédent (30).

TOUR 9 : 9ms, 6 dim, 9ms (24).

Le pied prend forme.

TOURS 10-31 (22 TRS) 1ms sur chaque ms du rang précédent (24).

Vous venez de crocheter la première jambe.

Tirez le fil et coupez-le à 20 cm.

Rembourrez la jambe aux deux tiers.

Faites une couture plate. Une fois la couture plate faite, épinglez la jambe sur le corps.

Cousez la jambe en faisant comme pour les oreilles, un aller-retour sur la partie visible.

Écartez ensuite la jambe et faites une couture à l'intérieur.

Pour terminer et pour que la jambe reste bien contre le corps, faites une couture sur 1 cm en dessous de la jambe.

RÉALISATION DES BRAS (FAITES-EN 2) :

TOUR 1 : Avec la pelote cytise :
Dans un cm faites 6ms (6).

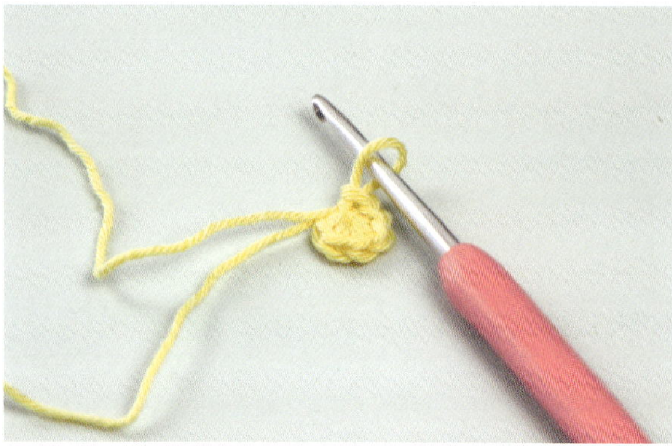

TOUR 2 : 6 augmentations (12).

TOUR 3 : *1ms, 1 augm* x 6 (18).
TOUR 4 : *2ms, 1 augm* x 6 (24).

TOURS 5-6 (2 TRS) : 1 maille serrée sur chaque maille serrée du tour précédent (24).

TOUR 7 : *2ms, 1 dim* x 6 (18).

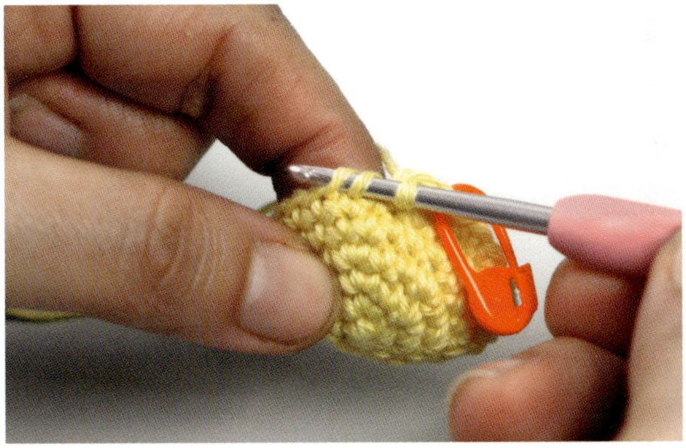

Pour la diminution, piquez votre crochet dans les brins avant des deux mailles suivantes.

Faites un jeté et passez le fil au travers des deux brins avant.

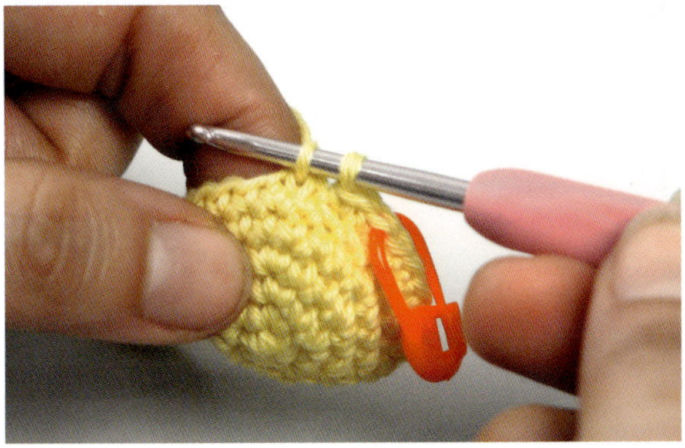

Vous avez maintenant 2 boucles sur votre crochet.

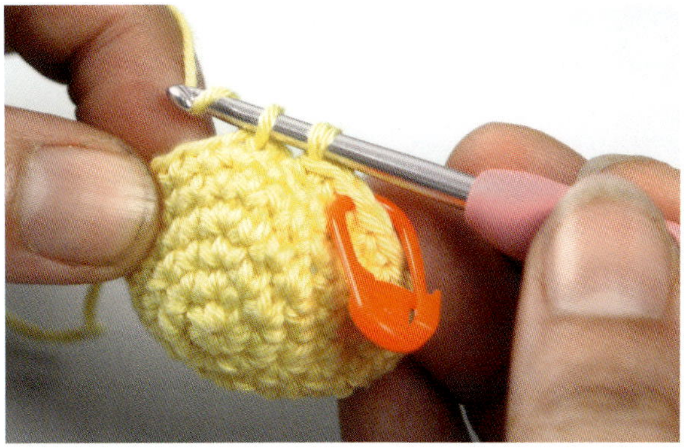

Faites un jeté et passez le fil au travers des deux boucles.

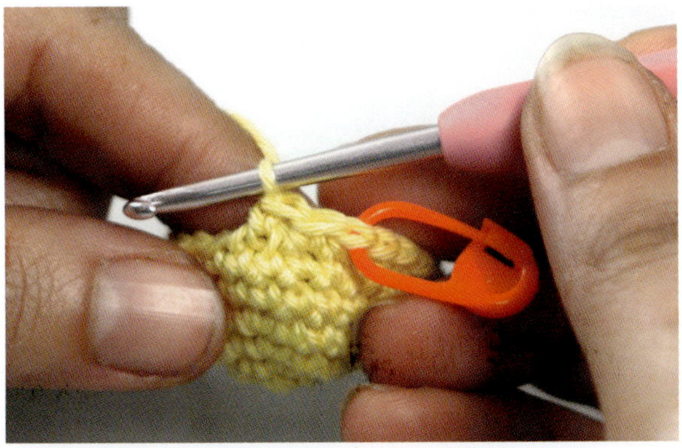

La diminution est terminée.

TOURS 8-9 (2 TRS) : 1ms sur chaque ms du tour précédent (18).

TOUR 10 : 1ms sur chaque ms du tour précédent et fermez le tour par une mc. Profitez de la mc pour faire le changement de couleur. 18).

Pour fermer le tour avec une maille coulée, piquez votre crochet dans la maille suivante.

Faites un jeté avec votre nouveau fil et passez le fil au travers de la maille et de la boucle sur le crochet.

Le tour est fermé et vous pouvez commencer le prochain tour avec votre nouvelle couleur.

TOUR 11 : 3ml, 17B. Fermez le tour par une mc dans la 3ème ml du début du tour (18).

TOUR 12 : 3ml, 1Brel, *1B, 1Brel* x 8. Fermez le tour par une mc dans la 3ème ml du début du tour (18).

TOUR 13 : 1ml, *1ms, 1 augm* x 9 (27).

TOURS 14-15 (2 TRS) : 1 maille serrée sur chaque maille serrée du tour précédent (27).

TOUR 16 : *7ms, 1 dim* x 3 (24).

TOURS 17-18 (2 TRS) : 1ms sur chaque ms du tour précédent (24).

TOUR 19 : *6ms, 1 dim* x 3 (21).

TOUR 20-22 (3 TRS) : 1 maille serrée sur chaque maille serrée du tour précédent (21).

TOUR 23 : *5ms, 1 dim* x 3 (18).

TOURS 24-30 (7 TRS) : 1ms sur chaque ms du tour précédent (18).

Tirez le fil, coupez-le à 20 cm et rembourrez le bras aux deux tiers.

Faites un deuxième bras identique.

Faites une couture plate. Épinglez le bras au corps.

Cousez le bras au corps.

Soulevez le bras et cousez aussi en dessous. Répétez l'opération pour le deuxième bras.

RÉALISATION DE LA QUEUE :

TOUR 1 : Avec la pelote gingembre : Faites 4 ms dans un cercle magique (4).

TOUR 2 : 1ms sur chaque ms du tour précédent (4).

TOUR 3 : *1ms, 1 augm* x 2 (6).

TOUR 4 : 1ms sur chaque ms du tour précédent (6).

TOUR 5 : *2ms, 1 augm* x 2 (8).

TOUR 6 : 1ms sur chaque ms du tour précédent (8).

TOUR 7 : *3ms, 1 augm* x 2 (10).

TOURS 8-12 (5 TRS) : 1 maille serrée sur chaque maille serrée du tour précédent (10).

TOUR 13-19 (7 TRS) : 3mc, 7ms (10).

TOUR 20 : 1ms sur chaque ms du tour précédent (10).

Tirez le fil et coupez-le à 15 cm.

Rembourrez la queue.

Pour plus de facilité, utilisez un objet pointu tel qu'une baguette chinoise ou vos ciseaux comme moi.

Épinglez la queue pour qu'elle soit bien centrée.

Cousez tout autour 1 ou deux fois et rentrez le fil en le passant sous plusieurs mailles.

LA BRODERIE :

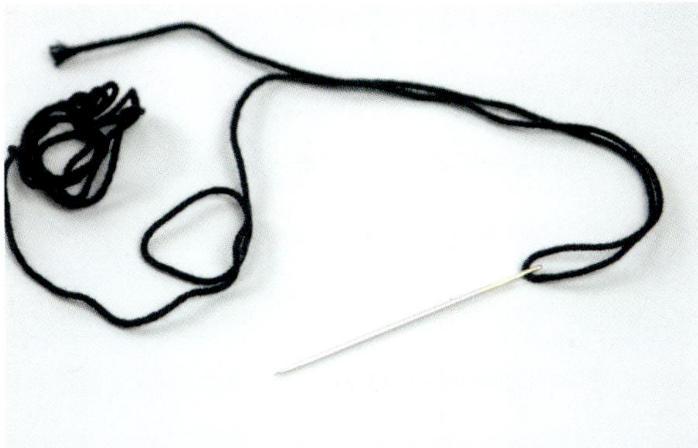

Coupez un brin de coton noir et enfilez votre aiguille.

Soulevez l'oreille et piquez votre aiguille tout près de la couture.

Tirez le fil pour ne laisser que 5 cm sous l'oreille. Ressortez l'aiguille dans le coin de l'œil pour broder le sourcil.

Piquez votre aiguille dans le coin intérieur de l'œil et ressortez-la dans le coin intérieur de l'autre œil.

Piquez votre aiguille dans le coin extérieur de l'œil et sortez-la juste sous le nez de sécurité.

Piquez votre aiguille quelques mailles en dessous et ressortez-la 3 mailles plus loin à gauche.

Piquez votre aiguille pile là où vous avez piqué juste avant, et ressortez-la 3 mailles plus loin à droite.

Piquez votre aiguille une 3ème fois en dessous du nez de sécurité et cette fois, ressortez l'aiguille sous l'oreille, là où vous avez laissé les 5 cm de fil.

PAS À PAS

Nouez les deux extrémités de fil, deux fois.

Coupez les fils à 5 mm.

À l'aide de vos ciseaux pointus, rentrez le nœud et les extrémités de fils dans la tête de Léo.

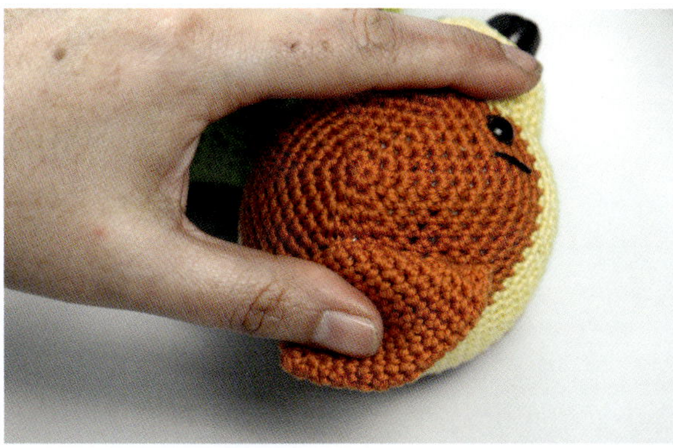

On ne voit plus les fils.

Vous avez réussi ! Bravo !

REMERCIEMENTS

Didier pour cette jolie proposition et ton écoute.

Erik pour votre patience à toute épreuve.

Marion pour ce boulot de dingue et votre réactivité.

Ela, Clara, Thomas et Lucie pour votre patience d'ange et
ces vacances où vous avez dû grandir d'un coup.

Adrien pour ton aide précieuse et tes soirées raccourcies.

Edwige pour ton soutien permanent, la force que tu me redonnes
quand je suis fatiguée et pour ces longues heures où mon esprit était ailleurs.

Virginie pour ton accompagnement et tes encouragements,
tu avais raison… j'y suis arrivée.

Véronique pour les soirées lecture que tu as passées à mes côtés
et tes mots qui me redonnaient confiance.

Pardon pour mes réponses très courtes auxquelles tu répondais malgré tout par un sourire.

Flora pour ton aide et ton avis précieux qui font toute la différence.

Et enfin Josette de Bergère de France pour votre confiance et ce beau partenariat.

Ce livre voit le jour grâce à vous tous, vous êtes vraiment
une super équipe et je suis fière de nous tous.

Silvia